AF613321

LE

PETIT HOMME

ROUGE

AU CHATEAU DES TUILERIES.

LA VÉRITÉ A HOLY-ROOD.

PRÉDICTIONS, etc.

Il réclama le droit de parenté,
Sans que ce droit pût être contesté.
GOLDSMITH.

Le petit Homme Rouge au château des Tuileries, la Vérité à Holy-Rood, étant ma propriété, il n'y a d'exemplaires avoués par moi que ceux qui sont revêtus de ma signature; les autres sont des contrefaçons saisissables, et dans le cas de la confiscation.

PARIS. — IMPRIMERIE DE DONDEY-DUPRÉ,
Rue Saint-Louis, n° 46, au Marais.

LE

PETIT HOMME

ROUGE

AU CHATEAU DES TUILERIES.

LA VÉRITÉ A HOLY-ROOD.

PRÉDICTIONS, etc.,

Par Mlle M. A. Le Normand,

AUTEUR DES SOUVENIRS PROPHÉTIQUES; DE L'ANNIVERSAIRE DE LA MORT DE L'IMPÉRATRICE JOSÉPHINE; DE LA SIBYLLE AU TOMBEAU DE LOUIS XVI; DES ORACLES SIBYLLINS; DE LA SIBYLLE AU CONGRÈS D'AIX-LA-CHAPELLE, SUIVI D'UN COUP-D'ŒIL SUR CELUI DE CARLSBAD; DES SOUVENIRS DE LA BELGIQUE, OU LE PROCÈS MÉMORABLE; DE L'ANGE PROTECTEUR DE LA FRANCE AU TOMBEAU DE LOUIS XVIII; DE L'OMBRE DE CATHERINE II AU TOMBEAU D'ALEXANDRE Ier; DES MÉMOIRES HISTORIQUES ET SECRETS DE L'IMPÉRATRICE JOSEPHINE (MARIE-ROSE TASCHER DE LA PAGERIE), PREMIÈRE ÉPOUSE DE NAPOLÉON BONAPARTE; DE L'OMBRE DE HENRI IV AU PALAIS D'ORLÉANS, etc., etc.

Et les yeux de la Vérité s'arrêtèrent sur Louis-Philippe et ses enfans, on pouvait y lire le sentiment d'un triste intérêt, un tel regard ne pouvait échapper à ma pénétration. (Page 99.)

PARIS.

Mlle LE NORMAND, ÉDITEUR-LIBRAIRE, RUE DE TOURNON, N° 5,
Faubourg Saint-Germain.

DONDEY-DUPRÉ PÈRE ET FILS, IMPRIM.-LIBR.,
Rue St-Louis, N° 46, au Marais,
Et rue Richelieu, N° 47 *bis*, maison du Notaire,

ET CHEZ LES PRINCIPAUX LIBRAIRES DE LA CAPITALE ET DE L'ÉTRANGER.

30 Juillet 1831.

ON TROUVE

Chez Mlle Le Normand, rue de Tournon, N° 5, faubourg Saint-Germain, Paris.

Souvenirs prophétiques d'une Sibylle (les), in-8°, avec gravure. Paris. 1814 .... 7 fr. 50 c.

Anniversaire de la mort de l'impératrice Josephine (l'), brochure in-8°, 29 mai. Paris, 1815.................................... 1 fr. 50 c.

Sibylle au tombeau de Louis XVI (la), brochure in-8°. Paris, 21 janvier 1816.................................... 2 fr.

Oracles sibyllins (les), in-8°, 4 gravures. Paris, 1817........ 7 fr. 50 c.

Congrès d'Aix-la-Chapelle, etc. (le), in-8°, 7 grav. Paris, 1819..... 6 fr.

Souvenirs de la Belgique, ou le Procès mémorable, in-8°, avec portrait. Paris, 1822.................................... 6 fr.

Ange protecteur de la France au tombeau de Louis XVIII (l'), brochure in-8°. Paris, octobre 1824.................................... 2 fr. 25 c.

Ombre de Catherine II au tombeau d'Alexandre Ier (l'), brochure avec portrait. Paris, 1er février 1826.................................... 3 fr.

Mémoires historiques et secrets de l'impératrice Josephine (Marie-Rose Tascher de la Pagerie), première épouse de Napoléon Bonaparte, 3 vol. in-8°, avec 8 gravures, portrait, *fac simile*, deuxième édition. Paris, novembre 1828.................................... 24 fr.

Ombre de Henri IV au palais d'Orléans (l'), brochure in-8°. Paris, 1er janvier 1831.................................... 3 fr.

SOUS PRESSE,

Pour paraître au 1er Novembre 1831 :

LA SIBYLLE A LONDRES, in-8°, avec Gravures.

LOUISE WILHELMINE DE PRUSSE, ou les Infortunes d'une grande Reine, 2 vol. in-8°, 4 grav., portrait.

ANECDOTES HISTORIQUES, POLITIQUES, etc., sur la reine d'Angleterre (Caroline-Amélie-Élisabeth de Brunswick), particularités secrètes sur la princesse Charlotte d'Angleterre, épouse de S. A. R. le prince de Saxe-Cobourg (Léopold), 2 vol. in-8°, 3 grav.

MÉMOIRES HISTORIQUES, POLITIQUES, SOUVENIRS, CONFESSIONS, CORRESPONDANCES SECRÈTES, etc., etc., de Mlle M.-A. Le Normand, 10 vol. in-8°, 24 gravures.

Ces trois livraisons de l'Album figureront parmi mes divers ouvrages, et paraîtront successivement à compter de décembre prochain.

L'AUTEUR

DE

L'OMBRE DE HENRI IV

AU PALAIS D'ORLÉANS,

A M. COLNET,

COLLABORATEUR DE LA GAZETTE DE FRANCE.

> Il ne faut pas juger des gens sur l'apparence.
>
> LA FONTAINE.

Salut à l'honorable vaincu de nos immortelles journées, salut à cet esprit fort dont l'opinion courageuse dans tous les tems sut se garantir de faire de la propagande révolutionnaire, salut enfin à ce noble défenseur de nobles infortunes!

Pauvre auteur féminin, n'ayant jamais adopté ni suivi que la même bannière, se verra-t-il, pour ce très-faible opuscule, courbé sous les Fourches Caudines des héros du pouvoir; mieux aimerait sans doute passer au creuset d'une savante ou piquante critique, telle que le serait, par exemple, celle de M. Colnet.

Pauvre auteur féminin censuré, torturé, devrait-il engager le combat? non, certes! proposer un cartel, jeter le gant au continuateur de Boileau, serait témérité, folie!..... Où rencontrer de nos jours ces paladins braves et galans, ces redresseurs des torts, guerroyans à outrance pour protéger le faible et venger l'opprimé..... où sont-ils? En vain chercher ce qui est introuvable! Henri IV même, *malgré mes profondes révérences*, hésiterait encore à rompre la paix, car le grand roi avait pour maxime : « Qu'une déclaration de guerre est la chose du monde » qui doit être le plus mûrement pesée, et que, quelque attention » qu'on croie y apporter, elle ne l'est presque jamais assez. » Aussi

adoptant la vieille devise de Bourbon : *qui qu'en grogne*, il prendrait son air familier avec M. Colnet et lui dirait : « Ventre-saint-
» gris, j'ai approfondi vos articles, celui du 31 janvier 1831 m'a
» fait rire, voire jusqu'aux larmes. C'est à bon escient que vous
» glosez les plus hupés de tous les courtisans du trône populaire...
» Venez çà, grand maître politique, désespoir des vainqueurs,
» ains régent des auteurs! venez çà, vous dis-je, je veux parler
» à vous : sous le voile de l'allégorie, Mlle Le Normand a publié
» de claires vérités, je les lui avais révélées. J'applaudis à son
» courage. Aussi, entre l'auteur de l'*Ombre de Henri IV* et moi,
» c'est à la vie, c'est à la mort : et vous, fidèle vaincu, poursui-
» vrait-il, l'honneur est grand d'être en perpétuelle opposition
» avec les maillotins ; continuez à les deviner, à les combattre, et
» ne cessez de servir le parti de ma royale famille comme vous
» l'avez toujours fait, *car j'en suis content.* »

Ainsi donc, érudit profond, homme inaccessible à la faveur, modèle de fidélité, poursuivez votre tâche, cette tâche est difficile! cette tâche est immense : *Bonis quod benefit haud perit* (1). Les exceptions seules produisent la plainte et le mécontentement. Sapez, sapez sans pitié l'édifice du mensonge, juste sévérité envers les propagateurs de fausses et dangereuses doctrines ; signalez, signalez les erreurs, mais n'égratignez pas : *Parcere personis, dicere de vitiis* (2).

M. A. Le Normand.

---

(1) Le bien qu'on fait à d'honnêtes gens n'est jamais perdu.

(2) Il faut épargner les personnes et signaler les vices.

LE

DERNIER MOT A L'OREILLE

DES

DÉPOSITAIRES DU POUVOIR.

> Ma voix sera peut-être importune, mais que l'on se console : on l'entend pour la dernière fois dans les affaires publiques.
>
> M. DE CHATEAUBRIAND.

MESSIEURS,

Persuadée que vous ne pouvez reprocher à mes écrits qu'une grande perspicacité, je vous laisse le soin de vérifier et d'analyser les nombreuses prédictions que renferme l'*Ombre de Henri IV au Palais d'Orléans*... Quelques-unes se sont déjà vérifiées ; *patienza, patienza,* les autres se feront peu attendre...

Ce n'est point un début, ce n'est point un jeu de l'imagination ; c'est un ouvrage sérieux, éminemment sérieux, que je m'étais fait un devoir de soumettre à vos lumières ! Vous avez dû remarquer que je ne suis point tremblante devant les partis. Depuis longues années, Messieurs, j'ai fait mes preuves, et ne me suis lancée dans la carrière littéraire que pour donner plus de poids à mes assertions et soutenir les faibles. Le voile mystérieux qui nuance mes aperçus ne peut dérober le sens de leur énigme aux regards d'un public éclairé.

Je sais qu'on me reproche de m'envelopper d'une innocente fiction, quand je peux si clairement interroger la vérité :

Est modus in rebus, sunt certi denique fines,
Quos ultra citraque nequit consistere rectum (1).

Aussi je déclare que le mensonge fut toujours éloigné de ma pensée; je crois fermement ce que j'avance; ce serait donc injuste, même téméraire, de venir gratuitement supposer que je manque de courage dans un moment où ma patrie semblerait menacée???

Le titre de ce nouvel opuscule n'a donc été choisi qu'après de longues et sérieuses réflexions...

.... *Ridentem dicere verum*
Quid vetat (2)?

De même, je ne veux me servir que d'une gaze légère pour cacher la nudité de mes portraits. Aussi n'ai-je rien négligé pour les rendre ressemblans, afin qu'en les voyant on puisse dire : « C'est M. de Lafayette, c'est Louis-Philippe Ier, ce sont enfin ces nobles et malheureux exilés d'Holy-Rood. »

Connaissez-vous, Messieurs, la sévérité d'un gouvernement tourmenté par la crainte et les in-

---

(1) Il y a un milieu en tout, et même de certaines limites au-delà et en deçà desquelles rien ne saurait être bien.

(2) Rien n'empêche de dire la vérité en riant.

quiétudes que lui donne chaque jour le sentiment de son illégalité, le connaissez-vous? Non, Messieurs, ce gouvernement doit vous être étranger! Heureux du siècle! vous tous, fils de la gloire! de cette France, de cette jeune et admirable France! vous avez fait une belle révolution, l'histoire en parlera. Vous avez, depuis juillet 1830, donné une impulsion prodigieuse au caractère national, *levis, mobilis*..... Vous avez chassé la branche aînée des Bourbons; mais qu'y gagnerez-vous si la république vient vous révéler votre faiblesse? Heureusement on veut vous sauver et vous garantir des esprits voués au désordre. La vérité combattra dans vos rangs uniquement pour vous tirer de quelque prison d'état, de quelque donjon, de quelque cachot, car votre triste et sauvage divinité eût-elle même pour adorateur et dictateur le *sage des sages*, n'en serait pas moins *ingrate*, *ombrageuse* et *méchante!*

Je ne voudrais pour beaucoup me faire prophète de malheurs, encore moins chercher à vous effrayer. Mais le cri de ma conscience m'impose le devoir de vous dire clairement, sans chercher à nuancer mes couleurs :

Nec vero terræ ferre omnes omnia possunt (1).

Ainsi donc, Messieurs, des institutions purement républicaines ne seront jamais que des plantes pa-

(1) Tout terroir n'est pas également propre à toutes sortes de plantes.

rasites, que les vents du nord et ceux du midi flétriront sur leur tige.

.... Sic omnia fatis
In pejus ruere ac retro sublapsa referri (1).

Maintenant et sans recourir aux livres sibyllins, ni troubler le sommeil de vos administrés, qu'il me soit permis, Messieurs (sans vous accuser d'insouciance), de venir vous demander où se trouve donc cette liberté dont vous nous parlez si souvent; serait-elle exilée sur des bords inconnus? victime des erreurs, des folies ou de l'ineptie de nos réformateurs? Nul doute que les chagrins auront réduit la bonne déesse au désespoir d'être si mal comprise, si mal interprétée. Cette idole des Français s'unira pour la doctrine au littérateur distingué, au boudeur politique (2)! Ils feront cause commune ensemble afin de propager et maintenir les vérités qu'ils auront défendues. Loin de leur sol natal ils seront seuls et pourront s'abandonner entièrement à leur vive douleur. Là ils s'écrieront en jetant un regard sévère sur les chefs du mouvement insurrectionnel : « Faibles mortels, esprits » audacieux et bornés, en vain caressez-vous la li- » cence, en vain divinisez-vous le parjure, l'ombre » de la vraie liberté n'apparaît plus que voilée au » sein de vos assemblées délibérantes, et encore » l'outragez-vous !... Vos systèmes, vos vœux, vos

(1) Tout s'altère, tout dépérit; tel est l'ordre des destinées.
(2) M. de Chateaubriand.

» pensées, vous font ternir chaque jour le diadême » de la royauté. L'amour du monarque populaire » n'est qu'un mot, une vaine clameur! Encore » avez-vous prononcé dans votre délire que ce mot » n'était point éternel. Du moins si vous vous bor» niez à faire des contes, ce serait peut-être un » moyen d'instruire sans qu'on s'en doute. Quoi » qu'il en soit, tout bon Français doit prendre acte » de votre prévision pour vous combattre et non » vous caresser. Rien ne démontre mieux l'im» puissance réelle des ennemis de la monarchie » que la tactique qu'ils professent. Ils auraient » beau diriger leurs attaques vers les champs de » l'exil et consumer inutilement (*pour empêcher » l'œuvre de s'accomplir*) beaucoup de tems, d'ar» gent et de troupes, il en sera tout autrement, et » leurs perfides desseins tourneront à leur honte. » S'ils osaient consulter la raison et non la passion, » ils conviendraient qu'il y a des révolutions vio» lentes, usurpatrices! que, si le mot jamais ne » saurait être immuable en France, leurs décrets » le sont encore moins. »

La république doit-elle se lever brillante comme elle le fut jadis, et reparaître avec sa gloire, son patriotisme, son langage et ses héros, ou bien ne renaître que pour laisser des traces sanglantes sur son passage? Heureusement pour tous, plus heureusement pour vous, Messieurs, elle aura peu vécu et rentrera dans son néant; aussi ne voudrais me ranger de l'avis, encore moins propager les doctrines tricolores du vétéran de juillet 1830. Je n'oserais (*moi, Mlle Le Normand*) affirmer qu'une Charte républicaine sera la Charte obligée de tous les Français, l'unique base de tous les pouvoirs. Si son aurore nous apparaît *entourée de l'illusion des succès*, son apogée au plus haut degré de la gloire, du pouvoir, de la durée, ne saurait passer 1832, au plus 1833!... Car, à travers tous ces changemens, tous ces emprunts, entièrement épuisée et dévorée par la fièvre conventionnelle! *voire même une terreur armée*, ne se pourrait-il donc, que cette pauvre France, au milieu des décombres d'un pouvoir chancelant, consumée par une guerre de parti, *guerre qui ravagerait* et *ruinerait ses provinces*, ne s'en vînt un jour invoquer son guide naturel; oui, Messieurs, son guide naturel. Henri IV sauva la France de la griffe espagnole! Un autre Henri, Messieurs, pourrait vous préserver!

Quand un ami se perd, il faut qu'on l'avertisse,
Il faut qu'on le retienne au bord du précipice.

VOLTAIRE.

c

LE

PETIT HOMME ROUGE

AU CHATEAU DES TUILERIES.

LA VÉRITÉ A HOLY-ROOD.

L'ensemble de la physionomie du petit homme rouge était imposante, pleine de dignité, mais son regard était en même tems ferme et tranquille; il s'avance tout à coup vers le constant défenseur de la liberté européenne, il répète d'un air triste et d'un ton qui n'était pas sans inquiétude :

Ne me réplique pas, je ne veux rien entendre !
Réfléchis mûrement quel parti tu veux prendre
Sur l'avis important que je te donne ici...

S***.

CHAPITRE Ier.

MA VISION INTUITIVE,

DU 29 MAI 1831.

RÉVÉLATIONS POLITIQUES, SYMBOLIQUES, PROPHÉTIQUES, SOMNAMBULISMES, ETC., ETC.

Je crois aux pressentimens et aux songes. Plus d'un Français a rêvé la couronne, et la couronne s'est trouvée un jour sur sa tête... Quiconque aurait de même osé dire à Charles X, le 24 juillet 1830 : *Comment vouloir s'exposer de nouveau à la fureur des élémens !* eût sans doute été très-mal accueilli. On aime à croire à la stabilité du pouvoir héréditaire ; on savoure avec délice l'encens offert par d'illustres ingrats !... Hé bien ! j'avais prévu, dans l'*Ombre de Catherine II au tombeau d'Alexandre I,* ces terribles événemens (et j'en prévois bien d'autres...) Un grand prophète, le guide de cet homme, de cet homme immortel... *le petit génie rouge* proclame hardiment sur la place de l'ancienne Bastille, ainsi qu'au pied de la Colonne de la place Vendôme, *l'arrivée de la destruction ou de la gloire des empires!* Il ne craint pas d'annoncer *la perte des uns et le triomphe des autres!...* Seulement il ajoute :

Un soldat..... peut justement prétendre
A gouverner l'état quand il l'a su défendre.
Le premier qui fut roi fut un soldat heureux :
Qui sert bien son pays n'a pas besoin d'aïeux.

De même, je viens de retrouver (par révélation) en Écosse *le don de la troisième et cinquième vue :* en voilà, je crois, plus qu'il n'en faut pour vouloir rêver ! *quoique étant somnambule* . . . .

. . . .

Au milieu des réflexions qui m'agitaient, l'une de ces belles nuits du mois de mai, je songeais qu'après m'être endormie et éveillée successivement dans plusieurs pays, je me retrouvais sur les bords de la Seine, où je contemplais la voûte azurée avec un respect mêlé d'inquiétude : Astres brillans, murmurai-je, vous tracez en silence vos cercles mystérieux, mais la sagesse vous a donné une voix. Dites-moi donc quelle sera la fin de la course élevée de Louis-Philippe Ier ? Pourra-t-on dire de ce prince : *Vitam transiit benefaciendo* (1) ?

(1) A-t-il traversé la vie en répandant des bienfaits?

Dites-moi donc enfin ! si la royauté populaire sera durable ? Ou n'est-il destiné qu'à parcourir au milieu des révolutions une ligne brillante et passagère, et à retomber ensuite comme les vils débris de ces jeux artificiels que l'orgueil de l'homme prétend faire rivaliser avec vos célestes rayons ?

Et une voix se fit entendre, et elle dit : « Il en est de spécifiques en toute matière ; ils ne peuvent ni voir, ni entendre, ni sentir, et la politique est bornée à leurs sens.

» La seconde révolution française est une conséquence d'où dépend le salut de l'Europe ; le parti républicain le caresse, mais il y a de la méchanceté dans son sourire.

» A l'égard des vaincus, si tant est qu'ils le soient bien véritablement, ils conserveront assez de force d'ame pour supporter tous les assauts qu'ils pourraient redouter.

» L'attaque contre eux est directe ; ils en sont presque ébranlés ; mais ils iront peut-être trop loin pour reculer ; et ils répondront à leurs vainqueurs après un moment d'hésitation :

» Eh bien ! donc, notre course est choisie, déployez la voile, jetez souvent le plomb et notez bien les sondes. Veillez au gouvernail, bon pilote, cette côte sinistre est bordée d'écueils et de rochers, où se tient la sirène qui, ainsi que l'ambition, attire les hommes à leur ruine (1). »

Je désirai savoir quelle était alors la disposition d'un

---

(1) *The shipwreck.*

esprit que tant d'émotions vives avaient assailli dans le cours de sa vie, et notamment depuis la chute de la branche aînée des Bourbons.

Les Français étant divisés par les dissentions de partis, les querelles sanglantes entre *la rose rouge, la violette et le lys*, achèveront de détruire le peu qui reste d'esprit public. L'asphodèle, le noir souci peuvent ouvrir la frontière aux étrangers. On devrait au contraire les repousser, car leurs flots débordés renverseraient l'œuvre des ligueurs : sa force réelle n'est que d'un faible poids en Europe, *à comparer à celle du cèdre couronné*.

Et je craignais alors de rencontrer la vérité qui me parlait ainsi, et je la cherchais ! Je l'aurais redoutée au jour du bonheur, maintenant je volais au-devant d'elle comme protectrice du faible.

La céleste déesse s'entretenait avec un petit homme simple et duquel on n'avait pas l'air de faire cas ; au contraire, la multitude le fuyait... C'est un vampire ! s'écriaient les plus braves, et *vampiour* est songe très-mauvais.....

Il n'était point couvert de ces tristes lambeaux
Qu'une ombre désolée emporte des tombeaux.

Au contraire, sa mise était décente : ce qui le distinguait, c'était un manteau rouge et un petit chapeau napoléonien surmonté d'une aigrette.

L'expression de sa figure me frappe ; ses jeux de mots heureux respiraient une légère critique sur la cour populaire. La finesse de son esprit, les contrastes qu'il établissait entre 1808 et 1831 faisaient rire aux larmes quelques auditeurs, et attendrissaient ceux qui rêvaient encore la gloire!.....

Sur un signe de la Vérité, le petit homme écarta la foule. Trop adroit pour se laisser deviner, c'était sous des dehors modestes qu'il calculait la hausse et la baisse des états..... Siècle d'ingratitude! *Amitiés politiques! cholera-morbus des conférences diplomatiques, trop souvent suivies d'intervention;* la grippe ravage jusqu'au trésor!... thermomètre variable du nouveau système... A la prochaine apparition du *mince budget,* la France connaîtra mieux sa force et doutera moins de son salut. Il dit, et aussitôt se met au niveau du moment.

« J'ai prononcé les paroles que vous venez d'entendre; le trône de votre roi-citoyen est assailli par les mêmes ambitions, environné par les mêmes courtisans! reptiles dangereux qui ont piqué au vif la monarchie et fait naître la rébellion! J'ai lu dans leurs regards leurs intentions : *Tous ces gens-là ne peuvent s'engraisser du lait de la vache que lorsqu'il découle avec facilité de ses mamelles pressées; ils ont cru voir, en 1830, un lait échauffé prêt à se dissoudre; ils ont appelé le médecin et se sont bien promis de le renvoyer lorsque la bête aura du lait en abondance..... Mais la bête est blessée à mort; le coup d'aiguillon qui la presse la fera ruer, puis elle retombera.* (Ces derniers mots me semblèrent doublement prophétiques). Je sais qu'il y a aujourd'hui des gens qui, n'osant pas s'annoncer comme prophètes, se font passer pour philosophes. Ne peut-on tromper et se tromper soi-même? Quoi qu'il en soit, regardez autour de vous, portez ensuite votre attention

sur la décadence du crédit public, c'est un signe certain de la décadence des empires. La gloire seule enflamme les cœurs généreux; mais les arts, le commerce, l'agriculture languissent : l'heure approche, l'heure est arrivée où l'amour de la patrie doit se réveiller. Français! admirables Français! vous ne serez jamais grands *tant que votre roi sera petit!* Vous excitez l'admiration de vos contemporains; mais que dira la postérité?...

» Effets de la fureur du peuple, servez à jamais de leçon aux princes, entourés de flatteurs et de nombreux satellites. Vous tous ambitieux du pouvoir de vos maîtres! vous tous qui prétendez recueillir les fruits du libéralisme calculé à votre profit, tremblez en lisant l'histoire de la révolution présente; que le glaive terrible de la vengeance populaire sans cesse étincelle à vos yeux, et que, semblable à Damoclès (1), la crainte d'en être frappés rende toutes vos jouissances imparfaites.

» Restez inanimés, muets complices d'une longue suite de trahisons; je vous ai interrogés plusieurs fois, et vous n'avez point contenté ma curiosité; vous n'avez fait que m'attendrir davantage sur les malheureuses victimes de juillet 1830.

---

(1) Damoclès, célèbre flatteur de Denys le tyran, vantait dans toutes les occasions les richesses, la magnificence, surtout le bonheur de Denys.

Mais il changea bientôt de sentiment. Le tyran l'ayant invité à un festin magnifique, le fit habiller et servir en prince. Damoclès ne se sentait pas de joie; mais bientôt il vit une épée nue, la pointe en bas, descendre perpendiculairement sur sa tête, ne tenant au plancher que par un crin de cheval. Il quitte la table, jette ses habits, et dit qu'il ne veut plus être prince.

» Les nouveaux élus du peuple vont décider du sort heureux ou malheureux de la France. Mais, je vous le dis, vous-mêmes êtes vos plus cruels ennemis. Quoique vous criiez toujours à la trahison, l'insubordination, la défiance, l'incertitude, se sont emparées de vos esprits. *Si l'homme honnête et désintéressé n'est point à l'abri de vos soupçons, lorsque, dans des circonstances orageuses, il s'occupe constamment de votre bonheur, si quand il pourvoit à la tranquillité de vos familles, nul jour n'est serein pour lui, si vous poussez l'ingratitude jusqu'à menacer sa vie, dans le moment même où sa vigilance préserve vos propriétés de tout danger; quel homme sera désormais assez généreux ou assez imprudent pour lui succéder.* »

Et reparait à mes yeux un édifice de prestiges appuyé par les passions et opposé à la vérité. Le sol fléchissait sous les pas du sauveur des empires! du tout universel! *Son triomphe n'était que momentané!!* Telle était la manifestation de la pensée publique; et cependant il s'était persuadé, depuis le 12 juillet 1789, que lui seul pouvait sauver la France, et que ce beau royaume ne pouvait plus avoir de bonheur sans lui. Une sourde rumeur s'élève contre vous, lui assurait la vérité. « Plus d'une fois vous fûtes signalé comme l'ar-
» tisan secret des infortunes de Louis XVI. Depuis
» les deux restaurations vos agens stipendiés se répan-
» dent dans tous les lieux que vous leur avez désignés;
» l'or circule avec libéralité; tout est environné de té-
» nèbres... et cependant vous vous préparez à livrer
» l'assaut au trône populaire de Louis-Philippe Ier. »

La lune venait d'atteindre sa plus grande élévation ; on voyait scintiller mille et mille étoiles : elles ne répandaient alors qu'une faible clarté sur le pavillon de Flore ; sa lumière était interceptée en quelques endroits par les branches d'arbres de la terrasse du bord de l'eau qui ombrageaient une partie de la perspective du palais. Tout semblait endormi sur la terre, et le silence profond qui régnait alors n'était troublé de tems à autre que par le chien de minuit, faisant entendre par intervalles de lugubres aboiemens que répétaient les échos du jardin. Ce n'est pas tout. Tandis que la vérité était aux prises avec le héros des deux mondes, le petit homme rouge s'exerçait avec ensemble et habileté à ranger sous le sceptre d'un nouvel empire, les esprits que ce libéralisme républicain avait pu corrompre. Un tems est donné à l'erreur, leur dit-il, mais le tems tout entier est donné à la vérité. En vain se dévoue-t-elle aujourd'hui pour une cause juste; celle que je soutiens *a plus d'adresse et d'opiniâtreté!* Chassée comme un mal en 1814, elle revient comme un remède en 1831, etc. La folie des opinions peut retarder notre triomphe, et pourtant nous l'obtiendrons, d'après ! ! ! d'après ! ! ! Je remarquai que sa physionomie s'animait ; elle était imposante, pleine de dignité, mais son regard était en même tems ferme et tranquille. Il avance tout-à-coup vers le vieux et constant défenseur de la liberté européenne ; il répète d'un air triste et d'un ton qui n'était pas sans inquiétude :

Ne me réplique pas, je ne veux rien entendre !
Réfléchis mûrement quel parti tu veux prendre
Sur l'avis important que je te donne ici.

« Dès-lors tout vous semble permis contre moi, M. le napoléoniste, observe le général; apprenez qu'un député *inamovible* ne cessera de continuer une lutte que le dévouement pour la cause sacrée de la République seul pourrait soutenir..... »

Au moment même un soldat amputé sur les champs de Waterloo, au milieu d'un murmure approbateur, s'exprime ainsi :

« Quoique je renonce à cette commisération qui n'est due qu'aux malheurs extrêmes, mon intention ne fut jamais de repousser la main tutélaire qui s'offre de venir à mon secours. Aussi m'est-il permis de regretter *ce qui est regrettable* ! Je me sens entraîné par un sentiment que je ne puis définir, et j'avoue hautement que l'auguste fille de Louis XVI fut ma protectrice, l'arbitre souverain de ma destinée. Quoique cette princesse ait vu s'échapper pour elle le bandeau de la royauté, je puis assurer sincèrement que Madame la Dauphine m'a convaincu qu'un Français malheureux, *lui fût-il même opposé*, ne devait ni ne pouvait s'apercevoir qu'elle fût à Holy-Rood. » Ici ses pleurs coulèrent en abondance. La vérité se pencha vers lui ; aussitôt le vieux grognard fit un geste expressif, en disant : « Pauvre Berry ! pauvre Berry ! j'ai vu ta tête glacée ; en vain je cherchais à découvrir le secret de ta mort. *L'ange des tombeaux nous l'apprendra peut-être.* »

L'agitation était peinte sur tous les traits des spectateurs ; l'inquiétude augmentait les alarmes. On voyait une jeune déesse, fière du pouvoir qu'elle obtenait sur celui qui aspirait ouvertement à remplacer, dans le palais des rois, la famille exilée.

« Encore un peu de tems, il ne faut se hâter !..... Si Louis-Philippe refuse les concessions réclamées ouvertement de toutes parts, l'opinion irritée sera le prélude de l'orage. La veille de la chute de Charles X, sa faveur était ambitionnée ; le lendemain elle était un crime. Ainsi donc, *citoyenne Libertas,* attendez que l'administration et son chef suprême soient discrédités..... Le peuple est flegmatique et guerrier ; nous avons pour nous les ambitieux et les factieux. Les sentimens sont pour la république, et les hommages pour la force. Tout dépendra de l'attitude des chambres, du combat entre l'*hérédité* ou le *viager* de la pairie, etc., etc. Nos tribuns français (plus redoutables encore à la monarchie que les 221) ne pourraient-ils se dire à la fin.....

Il ne faut craindre rien, quand on a tout à craindre (1).

» Lié au char d'un peuple libre, je jure de servir sa cause sacrée ; j'ai tenu et tiendrai mon serment : oui, je jure de nouveau de faire triompher la cause populaire. Tout doit finir par l'épée d'un général. Ce général, se mettant ainsi au-dessus des efforts de l'opinion qui auraient pu retenir d'autres hommes, et ce général est moi.

» Tu connais donc, quand tu veux, mon langage ? lui dit la céleste déesse. Louis-Philippe Ier doit-il compter

(1) P. Corneille.

sur ta foi? Oui ou non? Réponds!... Si tu ne réponds pas, cent témoins vont tirer la vérité de leur tombe, et rappeler ce que tu croyais enseveli avec leur mémoire. Dis vrai et j'applaudirai. Si tu ne dis pas vrai, tu t'avilis. »

Culpari metuit fides (1).

HORACE, ode 5.

(1) La bonne foi craint de s'attirer le moindre reproche.

CHAPITRE II.

Terribles passions qui déchirez mon cœur,
Qui répandez sur moi la honte et la terreur!
Que de crimes cachés qu'il faut cacher encore!
Craignant ce que je sais comme ce que j'ignore.
Les maux que j'ai soufferts, ceux que j'ai fait souffrir,
M'entraînent tour-à-tour du crime au repentir.

C***.

COMME QUOI LA VIEILLE RÉPUBLIQUE DE 1793 RETROUVE SON PREMIER AMANT, COMME QUOI SA GRANDE COLÈRE ÉCLATE EN VOYANT SA RIVALE DE 1831.

Et tout-à-coup apparaît au pavillon de Flore, du château des Tuileries, une femme contrefaite, boiteuse, difforme comme Asmodée; cette femme murmurait lentement : « La maison de Bourbon ne gouverne qu'en vertu d'un titre héréditaire; à bas la loi salique, vive la liberté, l'égalité, la république ou la mort. » Et le petit homme rouge de lui répondre : « Le souvenir des bienfaits de la licence est le meilleur préservatif contre l'inconstance des novateurs de 1831. »

La tournure grotesque de cette femme la faisait remarquer; elle n'avait ni dignité ni grandeur, mais s'exprimait avec une certaine facilité. Le petit homme rouge lorgnait la divinité de 93. Cependant il dit : « Les révolutions emportent les partis, ce qui a été fait en vue de la gloire et de la postérité reste..... »

Je dus applaudir et m'incliner. Le héros français,

connu par son courage, ses vertus civiques et ses principes patriotiques, se trouvait alors sur les marches du trône renversé de Charles X. A l'aspect de la déesse, *qui le suivait et le devinait*, il se troubla, il jeta un regard sur elle avec un air de dépit et d'insouciance, fit un signe à la liberté de 1830 de venir se placer à ses côtés, et bientôt, d'un pas léger, ils parcourent en tous sens les appartemens royaux et vont s'installer dans celui qu'occupait le jeune Henri de Bourbon.

La teinte sombre de cette enceinte royale était relevée par un grand nombre de bougies placées sur un bureau. La vérité contemplait *minutieusement* les traces et les titres de gloire des vainqueurs de juillet. Sa tête se penche ; elle respirait difficilement. La couleur de son teint décelait la colère ; elle dit à celui qui fit trembler Louis XVI : « Serais-tu né pour opérer des révolutions ! et t'enorgueillirais-tu un jour aux yeux des Français de ce qu'un sage disait au peuple d'Athènes !

« Citoyens et amis, voyant votre état malheureux, » voyant la cité manquant des choses les plus néces» saires, les riches en possession de tout, les citoyens » de médiocre ou de petite fortune abîmés de taxes et » de malaise, j'osai provoquer une loi par laquelle je » rangeai les riches à leurs devoirs et je tirai les pau» vres d'oppression. J'ai été calomnié ; je suis haï des » riches, mais le peuple est soulagé, la cité est sauvée, » j'ai fait mon devoir. »

« J'ai combattu la royauté (reprend le vainqueur *du droit divin*), cette royauté vieillie dans les abus, qui durant une longue suite de siècles et de dynasties n'a cessé de passer du despotisme à l'anarchie, et de l'anarchie au despotisme. J'ai fondé, non *sans peine*, un trône libéral, et voudrais renouveler la société et donner au caractère national le sentiment du beau ou du vrai, le mouvement et la vie. Ma constitution, modelée sur celle des États-Unis, établirait en France le chef-d'œuvre de gouvernement pensant, et ferait de ma jeune république un nouvel Éden, un nouvel Élysée..... » Il dit, aussitôt la femme boiteuse et contrefaite, le chef couvert d'un bonnet rouge, le blasphême à la bouche, hurlant des sons confus, regard infernal, fend la foule et se trouve en présence de celui que Mme de*** appelait malignement *l'effroi de la postérité*.

« Blondinet! Blondinet! reconnais ta victime. » Ce mot fut électrique ; on s'aperçut de l'effet qu'il produisait ; et, regardant le général en pitié, elle crut le punir en prononçant son nom.

On l'invita d'adoucir l'expression de sa voix ; l'indignation animait ses traits : le petit homme rouge eut la plus grande peine à calmer sa jalousie, à éviter un combat entre les deux rivales, la liberté de 1789 et la liberté de 1830.

« La Vénus de Médicis n'était pas plus belle que moi, dit cette insulaire à la foule amoncelée dans l'intérieur du palais. J'avais fait vœu de ne vivre que pour mon pays, de n'aimer que lui ; ma résolution était sage et raisonnable, mais ces rêves d'une ardente jeunesse avaient leur réveil, et ce réveil fut affreux.

» La renommée avait devancé ce Français à Philadelphie ; son nom était dans toutes les bouches (était-ce pour lui le présage assuré d'une gloire immortelle ?) Un sourire aimable sur ses lèvres exprimait l'affabilité par les regards ; chargé de lauriers, comblé d'honneurs, mon cœur répondit à ses vœux ; je me rappelai ce que mon père nous avait fait souffrir (1) ; et considérant mon sort sous un autre aspect, je me demandais aussi quel serait mon avenir en France, car déjà le héros américain m'avait révélé ses projets. J'avais reçu dans mon enfance d'excellens principes ; il m'en coûtait d'abandonner ma mère (2). Aux États-Unis on me révérait, on m'adorait. Je consentis, quoiqu'en pleurant, à venir me naturaliser dans les Gaules. Le moment était peu favorable ; les esprits commençaient à peine à se diviser... L'épouse de Louis XVI venait de donner à la nation un Dauphin, et l'auguste monarque avait fait vœu de ne vivre que pour ses peuples, et de soutenir l'honneur du nom français. »

» Imprégnée de l'esprit des gouvernemens anglais et américain, dont j'avais acquis sur les lieux une connaissance parfaite ; le lieutenant de police Le Noir, ainsi que le ministre de Sartine, me surveillaient scrupuleusement. Mon amant n'eût voulu pour beaucoup passer pour être chef d'une faction ; aussi me tenait-il à l'écart..... Que de fois je regrettai cette douce liberté dont je jouissais sur nos rives fortunées ; combien de

(1) L'Angleterre.
(2) L'Amérique.

fois je déplorai mes erreurs et les fautes de mon père (car les fiers Anglais avaient fait une infraction au traité de commerce maritime). Sans cela, me disais-je, je n'aurais ni connu ni suivi Blondinet, ce Blondinet qui plus tard devait flétrir sur mon front les fleurs de la santé et celles de la jeunesse.

» Long-tems enveloppée d'une profonde dissimulation, on me rivait des fers à l'instant où je m'étais crue libre; je vivais dans l'obscurité et ne me montrais que dans de graves circonstances : aussi je ne cessais de déplorer mon cruel abandon. L'ange de la vérité ne peut avoir une voix plus persuasive que ne l'était celle de l'ami de mes pensées. Attaché à la cour par son rang, on n'eût pu se douter que mon cher Blondinet méditât un bouleversement dans l'état (qui paraissant se faire sous ses auspices, pourrait lui enlever sa fortune)..... Sans cesse il me promettait de me faire obtenir tous les honneurs d'une révolution ; et l'idée seule de m'ériger un temple le transportait d'ambition et d'amour. Heureusement ma raison tenait encore le bout de la chaîne! mais depuis !.....

» Ressorts ingénieux de la politique! Qui mieux que lui déploya toutes les ressources de son génie pour échauffer le germe d'une révolution qui l'allait combler de ses dons?

» Il avait trop d'esprit pour ne pas sentir que, dans la grande scène qui allait se passer, les intrigans joueraient le premier rôle; aussi ne savait-il que trop qu'il était nécessaire de jeter de tems à autre, dans l'esprit du peuple, de ces semences adroites de discordes.....

L'œuvre rédigée à la hâte en 1788, avait fini par être mûrie dans le silence du cabinet; ajournant ses projets pour en assurer le succès, il crut dès cette époque son triomphe assuré.

» De tous les points du royaume on réclamait à grands cris la tenue des états; Louis XVI crut devoir les accorder. Dès les premières délibérations, la guerre éclata entre les trois pouvoirs; les communes se constituèrent en assemblée nationale; le clergé et la noblesse furent les jouets du tiers, et la cour ne tarda pas à compromettre ce qui lui restait d'influence (en faisant fermer la salle des états-généraux).

» J'étais au Jeu de Paume de Versailles, lorsque Bailly prononça, au nom de tous les Français, le serment de vivre libre ou mourir. Cet événement électrisa la France entière, et le 14 juillet mit le sceau à la faveur décernée à mon cher Blondinet.

» L'active prévoyance de quelques amis du monarque ne put que retarder, non empêcher sa perte; ce maître le plus tendre, le plus sensible, le meilleur des rois, qui, par confiance et bonté, s'était jeté dans les bras de son peuple (1), vit bientôt l'Alexandre français avec la

(1) Au milieu de l'extase publique, Louis XVI dit à son peuple : « Messieurs, vous m'appelez votre roi, votre père; je suis très-satisfait. J'approuve » l'établissement de la garde bourgeoise (qui alors était mal armée, mal » équipée, sans discipline, sans munitions et presque partout sans habits). » Mais la meilleure manière de me prouver votre attachement est de rétablir » la tranquillité et de remettre entre les mains de la justice ordinaire les malfaiteurs qui seront arrêtés. M. Bailly, instruisez l'assemblée de mes intentions... Et vous, M. de Lafayette, je vous cherchais pour vous dire que je » confirme votre nomination à la place de commandant-général. »

morgue insolente d'un vainqueur qui jouit des droits de la victoire, ou *comme César traînant Marc-Antoine à son char,* recevoir modestement, pendant cette marche ignominieuse des 5 et 6 octobre, les acclamations offertes à la trahison, voilée à son ordinaire du manteau de la popularité.

» C'était au rôle de fondateur d'un nouvel empire que mon amant prétendait; son nom devenait le soutien d'une nation renaissante, et ses coryphées du club de 89, *parti puissant,* embouchaient la trompette!

» Tout homme qui n'adorait pas l'idole parisienne était déclaré aristocrate. Le père Gérard même, cet honnête laboureur devenu député, encourut le blâme pour avoir déclaré *qu'il n'était pas son Dieu.*

» Selon le parti mécontent, la dépravation des mœurs, du goût et de toutes les sensations, existait en France: on avait perdu toute faculté d'imaginer, si ce n'est le mal. La criminelle incurie des agens du pouvoir, la corruption de l'assemblée nationale, étaient les moyens qu'on employait pour lasser le peuple, épuiser son patriotisme et préparer des changemens dont on voulait profiter.

» Blondinet eût voulu couronner publiquement, à la fédération de juillet, l'idole de son cœur; déjà on l'avait publié! La sensation fut générale! La cour en frémit. Le roi crut devoir rattacher à sa cause quelques membres influens et opposans..... Dès-lors l'opinion publique fut ainsi détournée de son véritable but: elle devint plus difficile à diriger; mais ce n'était qu'un prestige, que la moindre imprudence pouvait encore dissiper.

» Il fallait de grands ménagemens à l'autorité royale ; il lui fallait surtout acquérir une majorité dans le sein du sénat. Cette force réunie du parti patriote, dont mon amant était le chef, n'agissait que sous ses auspices. Elle rendait à la fois l'antre des jacobins inattaquable. Il eût donc été impossible à Louis XVI de conjurer l'orage (1).

» Le protégé de Washington se croyait la clef de la voûte de l'édifice, dont le point central était dans son cœur et tous les fils réunis dans sa main. Au faîte de l'autorité, il voulut tenter plus d'une fois la patience et la force du gouvernement. L'insurrection commençait à prendre un caractère sérieux et alarmant. Le désordre dans les finances, dont on éprouvait sous mille formes les funestes effets ; en outre, d'injustes soupçons s'élevaient sur la rigoureuse fidélité du prince captif à tenir ses sermens..... Bref, cette succession rapide de faits et de conséquences devint à la fin si féconde en observations, que le commandant général de l'armée parisienne en profita pour recevoir les hommages inconsidérés d'un peuple frivole, et sacrifier le bien public aux exigences de l'ambition.

» Et pourtant il soutenait en ma présence que c'était malgré lui *qu'il* avait bâti l'édifice colossal de la révolution, et qu'il n'avait commencé les hostilités contre la cour qu'après que tous les moyens d'obtenir une paix honorable eurent été épuisés.

---

(1) La constitution française fut présentée à Louis XVI le 3 septembre 1791. On s'attendait à un refus, mais le roi l'accepta le 13 et 14 du même mois.

» La tribune nationale offrait un nouveau champ aux talens de celui dont la passion était de rendre son nom célèbre : ce nom avait déjà brillé avec éclat au combat soutenu par la formidable. Dans une circonstance critique, il calma les mécontens, se trouva partout, et partout donna des preuves de valeur et de conduite militaire. Sa magnanimité après la victoire força ses ennemis même à dire avec attendrissement : « Ce Français » est ami de l'humanité. »

» Le mouvement des ennemis de la monarchie le favorisait. Sa grande popularité, sa douceur et sa facilité à parler aux élus de la France, de même à cette force militaire toute nationale, tout lui disait que bientôt il serait maître, *la royauté étant sur les bords de l'abîme*. Un jour, et ce jour ne sortira jamais de ma mémoire, Louis XVI m'adressa la parole; il dit : « De vastes » projets se méditent, de grands événemens se prépa» rent; au nom de l'honneur, M. de Lafayette devrait » éteindre en un instant le flambeau de la discorde : » tout dépend de lui; et j'ajouterai que la médisance et » la calomnie n'ont pas même reproché la plus légère » faute au compagnon d'armes de votre libérateur avant » cette dernière époque. » Je ne pus que répondre : *Le vœu de mon amant serait un trône populaire basé sur des institutions républicaines! tout-à-fait républicaines!* Le monarque me fixa curieusement; il semblait interdit : son anxiété me parut visible (*surtout voyant la puissance publique à la merci de mon héros*), qui déjà était regardé dans la capitale comme la source du pouvoir souverain. Après un moment de silence, Louis XVI s'abandonna au sentiment qu'une telle révélation devait lui inspirer.

« Ce serait une chimère *qu'une monarchie républi-*
» *caine!* Si, malheureusement pour la France, elle se
» réalisait, on mettrait le feu aux quatre coins du
» monde, pensant que la liberté peut se soutenir par la
» guerre. Les Français périraient inutilement, après
» avoir rendu plus laborieuse et plus sanglante la tran-
» sition de cette liberté au despotisme, tenez-vous-le
» pour dit. » L'air de bonté du roi me pénétra, m'attendrit et ajouta encore à l'idée généreuse que les Américains avaient conçue de lui.

» Un seul remède eût pu cicatriser bien des maux, j'osai le proposer en ces termes : « (*Le jeu n'est pas toujours sûr avec des soldats!*) Adoptez un autre système, ô! mon bien-aimé! Vous êtes un instrument utile pour le soutien du trône des Bourbons; en empêchant son écroulement, vous vous éviterez la déconsidération et le mépris. » Je cachais mon visage dans mes deux mains; de tems en tems des sanglots, que je m'efforçais d'étouffer, m'échappaient malgré moi : mon amant ne concevait pas pourquoi je m'abandonnais à ce désespoir; il me demanda quelle était la cause de ma profonde affliction : « Sacrifier au bien général les exigences de l'ambition..... Vous ne fûtes jamais le partisan des rois, mais vous n'en êtes pas non plus l'adversaire systématique; vous pouvez encore revenir sur vos erreurs et cueillir des lauriers : votre ame sensible, délicate, simple, repoussera-t-elle les éloges de la postérité? Si vous n'avez pu acheter Mirabeau, surpassez-le! Ce député du tiers s'est détaché par degrés du char républicain ; il s'empare des suffrages ; il est revenu aux principes d'ordre et veut nécessairement s'émanciper de votre tutelle..... Ne peut-il, par une double étude, vous enlever un grand nombre de partisans, et faire réfléchir tous ces esprits légers ! Que le grand tacticien en politique, dont la tête forte peut seule renverser ou rétablir un trône, a pu jusqu'ici vous laisser le champ libre et ne commencer à se découvrir que le jour ; ou, vous opposant un Sosie, ce Sosie mettrait tout le monde d'accord avec son sabre. Vous auriez beau rester enveloppé du voile du patriotisme, la peur, l'exemple, le désir de la nouveauté, pourraient vous faire traiter de rebelle. La bonté connue de Louis XVI *fut mise par vous à une trop rude épreuve ; et l'exemple d'Othon pourrait vous faire repentir des avances que vous auriez faites à quelques Vitellius !* »

» Le sourire orgueilleusement modeste avec lequel il accueillait et réfutait mes observations brillait sur sa physionomie ; enfin j'eus la douleur de voir tourner en dérision ma trop juste sensibilité. Je hasardai quelques reproches, mais avec précaution ; car mes discours, mon visage, ma contenance étaient sévèrement censurés.

» Lors du voyage de Varennes, je parus tout-à-fait insensible aux bienfaits dont mon amant voulait me combler. Il m'en coûtait de devenir ingrate. Louis XVI était encore aimé : nos mœurs américaines ne convenaient nullement à la France ; j'en fis l'aveu solennel à M. de Beauharnais, président de l'assemblée souveraine. Ce fut au moment où MM. Bailly et Lafayette, plus morts que vifs, se transportèrent à la commune, au travers d'un flot de peuple qui criait : « A la lanterne ! » et de là se rendirent auprès des triomphateurs de leur roi...

» Tant que l'orage dura, le despote militaire se tint constamment caché sous le déguisement d'un *Octave*. (Il existait déjà des similitudes entre le protectorat ou un trône pour la maison d'Orléans.) Il est constant *que le coup ayant manqué*, des ordres furent donnés pour empêcher le roi de continuer sa route. MM. Camus, l'abbé Grégoire, de Liancourt, Pethion, Latour-Maubourg et Barnave, furent les commissaires nommés pour rappeler le monarque à Paris.

» Cette famille infortunée arriva aux Tuileries à sept heures du soir (1). Le général de l'armée parisienne avait l'œil tranquille, mais le fin politique aimait à voir sommeiller sa puissance.

» Il me présenta ce même soir à la société mère, où je reçus l'accueil le plus flatteur des bons clubistes riches de son parti (parti que maintenant rien ne saurait atteindre.) Il dit à Drouet, à Guillaume et Sauce (2) : *A Rome, la couronne civique était la récompense de celui qui avait sauvé un seul citoyen, quels lauriers ne sont pas dûs aux libérateurs de la patrie entière !* » La plupart des habitans de la grande cité gardèrent un morne silence, et paraissaient se recueillir en eux-mêmes. Il en est

(1) On avait placardé : Celui qui applaudira le roi sera bâtonné, celui qui l'insultera sera pendu.

(2) Ces Messieurs arrêtèrent la royale famille à Varenne, et vinrent recevoir à l'assemblée ainsi qu'aux jacobins la récompense qu'ils croyaient mériter.

qui redoutaient et plaignaient le sort réservé au plus bienfaisant des rois, au chef d'une dynastie qui depuis mille ans occupait le trône; les partisans des idées nouvelles ne jetèrent sur l'infortuné prince que des regards à la dérobée. Ce n'était plus ce père pressé dans les bras de ses enfans ivres d'amour et de joie. Pauvre peuple, pauvre monarque, me disais-je alors, tu reviens en fugitif; un concert d'imprécations s'élève et retentit à ton oreille étonnée; tu reparais dans le palais de tes pères, il va s'ouvrir et tu y seras reçu, non sous une voûte d'épées entrelacées, *signe d'allégresse*, mais par Tronchet, Dandré et Dupont, commissaires délégués pour t'interroger, ainsi que ta déplorable famille...

» Sous le portique de ce royal et antique manoir, l'épouse de Louis XVI recula presque. Rien ne lui était échappé; elle rougissait, pâlissait tour à tour; cependant elle salua mon adorateur d'une manière honnête : elle leva les yeux au ciel, et mit la main sur son cœur, il l'entendit! mais cette muette expression de sa douleur fut pour lui un coup de foudre.

» Je lui sus gré de quelques marques d'intérêt en faveur de ces nouveaux Priam; cela prouvait quelque sensibilité. Je savais le mot de l'énigme (*celle de la fuite et celle du retour*)... (1). D'autres que moi pourront dévoiler et mettre au grand jour le caractère de tous ceux qui ont environné la cour de pièges, de tous

---

(1) L'événement de la fuite du roi a été la pierre de touche qui fit distinguer les uns des autres. En moins de vingt-quatre heures on connut les sentimens de tous; déjà il y avait un parti formé pour la république.

ceux qui ont amoncelé autour d'elle ces nuages sulfureux dont toutes les vertus de Louis XVI n'ont pu conjurer l'explosion (1).

» Vous êtes la plus ferme colonne des mécontens; cette colonne est déjà ébranlée et finira par être abattue tout-à-fait. Rien n'est plus aisé que de séduire la multitude en lui promettant la liberté sans partage; sous prétexte de la servir, on la trouvera toute disposée... Vous préférez depuis quelques instans de marcher tortueusement à votre but, vous n'en êtes pas moins l'ame d'un parti. *Ce parti déclare la guerre aux rois européens; votre ambition, dictatorialement sourde et cachée, vous porte à vouloir gouverner l'univers... Si votre entreprise échoue, vous-même peut-être serez forcé d'aller ensevelir vos regrets, et pleurer votre exil! non sur les ruines fumantes de cette autre Carthage! mais à jamais, et pour jamais aux rives du Tobol!...*

» Les orages l'intimidèrent, les sensations les plus cruelles finirent par déchirer l'ame du grand homme. Il eût souhaité ardemment remplir une tâche glorieuse et satisfaisante pour tout être sensible, qui sait chercher son bonheur dans celui des autres. Bientôt il m'an-

(1) Quand le roi vint prononcer le discours de clôture de l'Assemblée Constituante, ce fut comme un délire universel. « Les plus tendres acclamations, les applaudissemens les plus vifs, les cris : *Oui, bravo! bravo! vive le roi!* mille fois répétés, interrompirent presqu'à chaque mot la fin de ce discours que Louis XVI ne put achever qu'avec émotion et d'une voix entrecoupée. » C'est un journaliste du tems qui s'exprime ainsi; il ajoute que M. Treillard s'écria : *C'est un discours à la Henri IV*. Comme dans une conjoncture plus récente... Mais évitons toute digression, ces choses se passaient le 30 septembre 1791. DE G***.

nonça l'imminence du danger d'une guerre européenne. Il respirait alors des sentimens moins hostiles. Ami de tous les hommes, il eût voulu, dans sa philanthropie, embrasser les deux mondes, et déjà il tremblait pour sa sûreté personnelle. *Les patriotes seront-ils opprimés ?* Tel fut son cri... Je réunis tous mes efforts pour calmer sa frayeur et le conjurai de me suivre dans ma chère Amérique. Un regard furtif, jeté sur le buste de Washington, lui rendit ses esprits, sa force et tout son courage : Vous resterez en France, très-chère *respublica!* le grand œuvre de la régénération politique est sur le point de s'opérer; la nation reine est sur le point de dominer l'univers; ainsi résignez-vous.

» L'absence totale de toute prétention à la puissance européenne donnait à mon ame ce calme qui rend heureux; aussi les éloges m'importunaient. Ma situation, bornée jusqu'à ce jour, me privait de ces vers luisans qui m'auraient recherchée. Adroits courtisans, qui ne cessent d'implorer avec tant de complaisance et la fortune et le pouvoir! En vain j'essayai plusieurs fois de m'opposer à des ordres formels, tous mes efforts furent inutiles. La possibilité de me rendre aux États-Unis, m'était interdite, et pourtant mon amour-propre ne m'excitait nullement à faire parade de ma souveraineté. Depuis quelques minutes j'observais le cher Blondinet; j'avais cessé de parler; il ne me répondait pas, tant ses idées étaient confuses! Tout-à-coup il dit : « On préfère une rupture ouverte à une dissimulation profonde... La fureur et la haine doivent être mes dernières ressources... Enchaîné par la *loi d'un serment!!!*

j'appellerai les peuples à l'insurrection, mais ne serai jamais assez lâche pour les abandonner à la vengeance de leur gouvernement... Donc je ne peux ni ne dois me ressouvenir qui je fus,

> .... Ce que je devais être!
> Qui chérit son erreur ne la veut point connaître.

Le sentiment d'un nouvel outrage de la reine bouleverse mon ame. » Il me fait, avec l'accent du désespoir, les plus intimes confidences; je me jette à ses genoux, je lui démontre qu'il était impossible qu'avec des ambitieux, inquiets, vaniteux, nous pussions conserver notre popularité. D'ailleurs, en élevant sur le pavois royal sa république, cet événement aurait des suites fâcheuses en alarmant l'Europe. Mes instances furent vaines (et pourtant sa tranquillité n'était qu'apparente) surtout depuis la révolte approuvée et réprouvée de la Chapelle, de Vincennes, du Champ-de-Mars... En effet, l'expression de sa voix n'était plus la même; des larmes, qu'il cherchait inutilement à me dérober, s'échappaient de ses yeux; on venait de lui décerner ouvertement le titre de *geolier de son roi.*

» Il m'était pénible de penser que je ne serais jamais tranquille. Sans me croire douée du don de prévision, je crus m'apercevoir que son ton doucereux et de bonne compagnie réussissait peu auprès des maratistes. Cette loi martiale, proclamée solennellement, avait laissé de profonds souvenirs dans les esprits, de même les absurdes prétentions de vouloir m'inaugurer au sein de l'assemblée législative. Tout avait augmenté une défiance déjà trop naturelle, si elle n'était fondée. On supportait impatiemment le joug de sa puissance! Enfin ce chef de l'armée parisienne, l'Arminius français, (qui se croyait invincible) cessa bientôt de l'être; et, pour tout concilier, on lui donna le commandement d'une armée...

« Je me vois forcé, ne vous effrayez pas, très-chère » *respublica*, je me vois forcé de quitter la capitale, de » vous y délaisser... Le feu de l'ambition ne s'éteint » jamais, *mais souvent on se trahit en donnant quelque » signe de faiblesse*. C'est ce qu'il m'importe d'éviter! Si » votre guide, votre égide, votre meilleur ami vous dé- » laisse, ce n'est que pour un tems; l'idole de mon cœur » conservera toujours *son temple*... » Je jette un cri; je deviens tremblante..... Je vous suivrai sur les champs de batailles... « Oh! non, assurément, l'honneur fran- » çais s'y est réfugié. On ne pourrait y semer l'horreur » et la discorde, encore moins infecter toutes les ames » du noir poison des révolutions. Si les bons colons de » l'Amérique ont succombé à mes insinuations, nos mi- » litaires, à votre grand étonnement, rejetteraient mes » propositions avec une volonté si ferme, qu'il faudrait » cesser d'insister. »

» Cependant, à force de supplications, j'obtins de lui, que s'il existait une cabale astucieusement profonde pour immoler Louis XVI, il soutiendrait sa cause, dût-il même encourir la haine de son parti.

» Je ne saurais mieux peindre les sentimens que j'éprouvais alors qu'en déclarant que je méprisais la mort, qu'elle était toujours présente à mon esprit et à mon cœur. Je n'avais plus d'énergie, rien ne m'électrisait dans l'adversité, et pourtant il était honteux pour ma force et ma raison de ne pas l'emporter dans ce cas sur la faiblesse et sur l'ingratitude.

« Il s'agit pour moi d'un intérêt d'honneur, ma très- » chère, dont je ne peux me départir (et que votre rai- » son comprendra) : c'est me donner gain de cause au- » près de ces tribuns, *de ces souverains de Paris,* que de » vous donner tort..... Vous effrayez avec raison tous » ceux qui n'ont pas oublié que les Bourbons régnèrent » sur leurs pères..... En outre *vous n'êtes point encore* » *reconnue !...* » Quoi donc, Blondinet ! perfide Blondinet ! vous n'apporterez aucun adoucissement à mes souffrances ; c'est un outrage aux Provinces-Unies ; c'est un outrage à leur digne libérateur. Vous seul fûtes coupable ; vous seul m'abandonnez sans défense, sans asile, innocente, opprimée ! Je n'aurai plus qu'à m'offrir à vos bourreaux comme aux tems des *Marius* et des *Sylla* ; vous allez me rendre féroce, *oui ! féroce, sanguinaire...* et je deviendrai l'effroi de l'univers entier.

« Le pouvoir étant le but constant de mes efforts, je » ne prendrai point le timon de l'état au milieu des orages » qui se préparent, et je ne crois rien hasarder en vous » disant : *qu'il n'est pas impossible que les événemens* » *politiques n'arrêtent le cours de mes prospérités et ne* » *me fassent proscrire :* alors j'irais disputer la victoire » sur un autre terrain. L'histoire dira sans doute : que » le *Coriolan* Français, effrayé des progrès d'une ma- » jorité factieuse (dont tous les actes portent l'empreinte » d'une inquisition soupçonneuse et tracassière) *cher-* » *chant à égarer la France entière,* s'en revint un jour

» en guerroyant vers Lutetia, sous les drapeaux de la » liberté et les étendards de la *respublica*..... »

» Enfin je tentai un dernier effort et le suppliai de vouloir se rappeler ses sermens! Si dans le délai de votre absence, lui dis-je, je dois agir sur les esprits, je n'aurai d'autre influence ni d'autre domination possible que celle de pouvoir dire : *Si la couronne est viagère et élective!* si *la législature se compose d'une seule assemblée sans un pouvoir modérateur!* votre patrie ne sera jamais libre; elle succombera sous le despotisme de l'arbitraire; elle ne fera que changer d'esclavage. »

» Lors il me considère d'un œil scrutateur et jaloux : à l'entendre je m'étais éprise de Barrère, de ce Barrère, qui expia si noblement ses torts en plaignant et respectant Louis XVI.

» Enfin la manière dont il me quitta, les souffrances que j'ai depuis éprouvées, et l'embarras que j'ai ressenti au 20 juin et 10 août 1792, me laissèrent voir le désir qu'il avait que je prouvasse ma mission, *mais sans le compromettre* (1). Je ne pus lui pardonner cet acte de lâcheté dans une telle circonstance (car il n'avait négligé aucune sourde intrigue pour faire jaillir le torrent prêt à submerger la cour sans paraître vouloir s'en mêler....) Aussi fus-je bientôt désabusée sur le compte d'un amant infidèle. Je le mis au nombre de ces froids égoïstes qui vous annoncent avec indifférence les nou-

---

(1) M. de Lafayette quitta son armée et vint protester, à la barre de l'Assemblée législative, contre une administration aussi faible que violente, et désapprouva les outrages faits à la royauté!...

velles les plus désespérantes, et qui souvent préludent par un sourire dont la douceur ferait presque croire qu'ils ont quelque chose d'heureux à vous apprendre. Tel était celui qui m'avait abusée.

» Dès-lors je ne pris conseil que de moi-même ; l'ambition commença de germer dans mon cœur ; j'eusse volontiers partagé la puissance suprême avec lui, maintenant je voulais régner seule... Long-tems il me fallut conduire le vaisseau à vents contraires ; je voyageais dans une mer sans fond ; mais j'avais gardé ma boussole et m'attachai au char de ceux qui m'avaient proclamée..... Mes nouveaux amans furent *Brissot*, *Vergniaux*, *Camille-Desmoulins*, *Buzot*, *Louvet*, *Péthion*, *La Source*, *Guadet*, *etc.*, *etc.* Mais les trouvant parfois trembleurs, je m'associai encore *Couthon*, les deux *Robespierre*, *Marat*, *Danton*, *Hébert*, *Billaud-Varennes* et le trop fameux *Fouquier*. J'étais élevée sur le pavois national et commandais à des ilotes. L'opinion publique était trop prononcée contre la monarchie ; il fallait même bien se garder de se montrer à découvert ; les patriotes seuls n'avaient rien à déguiser.

» Louis et sa famille étaient renfermés au Temple ; le secret de leur chute appartenait à celui qui m'avait sacrifiée, et leur garde à la plupart de ceux *qu'il avait caressés*.

» Je conclus de là qu'il n'y avait plus pour la famille royale d'espoir de liberté. On avait décrété *que j'étais souveraine d'un peuple souverain*. On procédait ouvertement contre le monarque déchu. Je me trouvai dans l'antre de Tisiphone lors des débats ; lors de l'arrêt, j'étais placée sur mon trône en face de l'illustre accusé et de ses défenseurs. Il me répugnait cependant d'entendre les discours, de compter les votes de ceux-là même qu'il avait naguère distingués, comblés de ses bienfaits. Comment pourrait-on croire que des représentans d'une nation éclairée aient pu se décider à rendre un tel arrêt? *S'il y avait eu des juges pour un pareil procès, Louis XVI n'eût pu être condamné ;* mais il est de l'essence des révolutions d'*être gouvernées par la force*..... Nos conventionnels pouvaient être craintifs, non cruels, *et pourtant ce sont des régicides.*

» Je pénétrai dans la Tour du Temple, j'assistai aux pénibles adieux, à la longue et douloureuse agonie, ainsi qu'au sacrifice (1), au sacrifice de celui dont les drapeaux proclamèrent les premiers la liberté américaine..... J'étais devenue honteuse de me voir la déesse de la popularité. Il fallut pourtant louvoyer avec les circonstances, car déjà je tenais en réalité, dans mes mains, le sceptre de l'empire. Le bruit circula dans la Convention que le général La Fayette aurait voulu mar-

(1) La statue de la liberté était élevée sur la place Louis XV; l'échafaud était dressé en face. On remarque, comme un phénomène assez singulier, que ce jour de lugubre et sanglante mémoire (21 janvier 1793) le soleil resta constamment voilé, la nature était en deuil du plus grand des crimes. L'oiseau de la mort battit constamment ses ailes sur la tête de la *respublica* et renversa le bonnet de *libertas*. La terrible chouette (*noctua saxatilis*) semblait menacer tous *chats-huans*, tous *hiboux politiques*, qu'ils auraient leur tour, et de plus jouiraient de l'honneur insigne d'incliner leur chef devant cette idole renversée et replacée sur son socle (au rang suprême)... et sur cette même place arrosée du sang des martyrs. *Quand Dieu a résolu de punir les peuples, il les frappe d'aveuglement.* BOSSUET.

cher sur Paris et renverser l'échafaud de son maître. La plupart de ses ennemis se contentèrent de manifester une opinion contraire ; et la médisance ajoutait : « Depuis 1781 le Guise *franco-américain* attend du tems, de l'intrigue et de la corruption, d'aspirer à sa place. »

» Au milieu de toutes ces idées qui ajoutaient encore à ma terreur, j'appris, non sans frémir, le coup-d'état exercé contre l'ingrat Blondinet. La Germanie crut devoir le punir, tout en lui observant qu'il répondrait de moi. « C'est un combat à mort, m'écriais-je, plus de concessions, allons battre l'Autriche. » « La France ne saurait triompher sans vous, m'observa Camille-Desmoulins, votre retraite serait sa mort. » *Le vieux cordelier* (1) empêcha une démarche qui ne pouvait qu'honorer l'amitié. Il dit : « Il vaut mieux être encensée en France, que de vous voir plongée dans les cachots d'Olmutz ! *La désertion ne saurait être commandée.* Continuez de régner sur la commune de Paris, Chaumette perd la tête ! Chaumette est à vos pieds ! vous êtes son guide ! son oracle ! En outre : vous éveillez l'intérêt jusque dans les plus petits villages ; enfin vous remuez et dominez les ames..... Vos bustes sont dans nos temples. Le curé d'Embermenil, l'évêque de Blois par le choix du peuple, l'abbé Grégoire enfin, vous eût érigé des autels ! Amante adorée des vrais patriotes !

Faites votre devoir, et laissez faire aux dieux. »

» Un homme nourri de la morale de Rousseau, dont

---

(1) Camille-Desmoulins rédigeait alors un journal qui portait ce titre et lui obtenait la faveur populaire.

l'austérité de mœurs, le caractère sauvage, l'esprit inconciliant, l'orgueilleuse simplicité, même la morosité, ce Robespierre, ce rocher inexpugnable aspirait sourdement à la pourpre des rois. Son parti, en le plaçant dans les voies de la terreur, l'avait fait redouter! Il ne fut grand qu'un jour, mais n'anticipons pas.

» La liberté religieuse n'existait plus; on n'osait implorer la divinité sans se mettre un doigt sur la bouche (1). Dès que mes adeptes m'interrogeaient sur ce

(1) La Fête-Dieu est depuis long-tems en France une solennité religieuse. On la célébrait encore clandestinement en 1793. A cette époque Garnier-de-Saintes, député montagnard, parcourait le département de l'Orne, où il était envoyé en mission. Il fut prévenu dans un village qu'une foule d'habitans s'étaient rassemblés au milieu d'un champ, où ils psalmodiaient des psaumes et chantaient des cantiques. (L'église de ce bourg était fermée, le curé en fuite.) Le représentant, accompagné du maire de l'endroit, se rendit sur les lieux au moment où de jeunes filles répandaient des fleurs devant l'image d'un Christ que les anciens du pays portaient processionnellement; un vieillard déposa une couronne et un Missel sur un tronc d'arbre qui lui servait d'autel. Il entonna d'une voix forte le *Gloria*, le *Credo*, la *Préface*, etc., etc., et termina les prières de la sainte messe par l'*Ite Missa est*. Garnier-de-Saintes (d'après son rapport) assista à ce pieux et religieux spectacle qui l'émut jusqu'aux larmes! Selon lui, *rien n'était blâmable dans cette action*. Mais le maire du village voyait tout autrement; aussi menaça-t-il du club et d'employer la force pour châtier ses administrés. Les paysans étaient restés muets de surprise. Garnier-de-Saintes eut peine à calmer les mécontens. On regrettait le curé non jureur, on repoussait l'intrus. « T'as ben grand tort, Philippe Boniface, s'écriait en pleurant une vieille femme, *t'as ben grand tort, mon gas, de renier ton Dieu; ça ira mal pour toi! ça ira mal pour nous!* Tenez, citoyen représentant, dit-elle à Garnier-de-Saintes, si on nous empêchait d'invoquer notre bon Jésus, la Vierge et tous les saints, nous serons *chouans*, et nos habitans se réuniront aux insurgés des départemens de l'ouest. Nous voulons prier à notre mode, soit en latin, soit en français, et malheur arriverait au gas Philippe Boniface s'il prétendait justifier par la circonstance, soit l'*innovation!* soit la *profanation!* La faute en retomberait sur ceux qui l'auraient tolérée et n'auraient su l'empêcher... Et toi, mon fils Philippe Boni-

qui me restait à faire pour se débarrasser des prisonniers du Temple, j'avoue que j'étais fort embarrassée de leur répondre un mot raisonnable. Je cherchais toutefois à les prémunir de donner dans le piège des conspirations et de la guerre civile; mais bientôt entraînée moi-même par l'exemple, *j'oubliai le premier cri de ma conscience*. Cet oubli fut un crime. Je veux parler de l'holocauste de la reine et de celui de la vertueuse Élisabeth.

» Lors de l'apparition de cette infortunée Marie-Antoinette au tribunal révolutionnaire, Fouquier, mon humble adorateur, non seulement dicta son arrêt à ses juges, mais ajouta : « Que la veuve de Louis Capet serait conduite au supplice dans un appareil humiliant, barbare, jusque-là sans exemple dans les annales des siècles.

» Le plaisir délicieux pour les comités de la Convention était d'envoyer à l'échafaud les hommes dont ils ambitionnaient les richesses, ou qui les avaient offensés. Je signais leur arrêt, et les voyais passer sous mes yeux traînés à la place Louis XV, à la barrière du

---

face, t'en seras la première victime. Écoute, mon garçon (en lui frappant sur l'épaule), écoute ta mère Mathieu, elle en sait long... T'as biau avoir une ceinture aux trois couleurs, cela ne rend point infaillible! ni n'empêche de saluer la liberté dans le sac. » Et tous crièrent : *Bravo! bravo* la doyenne du village! en disant à leur maire : « Vous auriez beau lire le *Petit Gautier*, le *Père Duchesne*, vous n'en serez pas plus savant... Vous n'avez que l'ambition d'être nommé député, nous y mettrons bon ordre, et dès ce soir aux vêpres nous vous ferons chanter au lutrin et convenir que :

Du triomphe à la chute il n'est souvent qu'un pas.

Trône, comme une réparation des outrages faits à leur orgueil offensé.

» Mon caractère avait changé visiblement. Je n'étais plus cette jeune et belle insulaire de la Pensylvanie, j'étais devenue au contraire une divinité sanglante ; chaque jour on immolait des victimes sur mes autels... Mes amans mêmes me furent sacrifiés ; du sang, encore du sang, tels étaient mes ordres à Fouquier ! Amar le secondait ; mes nombreux sectaires m'encourageaient, m'élevaient aux nues ! Carrier, Joseph-le-Bon, Collot-d'Herbois, Jourdan, etc., etc., se surpassaient, et fondaient mon empire sur l'*asinocratie*. Le pouvoir de vie et de mort était le résultat de leurs vœux ; je donnai ma sanction à l'exécution de leurs vues conservatrices ; mes séides étaient dociles, dévoués, enthousiastes. A leur aide, je planais sur tous les ennemis intérieurs, sur l'Europe étonnée et vaincue. On me répétait sans cesse : « O République ! toi » qui, de ton plus grand péril, as tiré ta plus grande » gloire, la France, après avoir long-tems hésité, » t'avoue enfin ; elle veut la liberté et non la paix. » Ennemie du repos, elle veut prévenir un despotisme » incertain par une anarchie certaine. »

» L'autorité plénière m'était dévolue, le pouvoir seul restait divisé. En mon nom, on avait épuisé tour à tour les fureurs d'une oppression sans bornes, sans exemple. On touchait enfin à cette fête dédiée à l'Etre-Suprême. L'un des chefs du parti victorieux, l'incorruptible Robespierre se surpassa dans les honneurs publics qu'il me fit rendre. Son pouvoir sur l'esprit de ses confrères déclinait. Il avait osé dans son délire aspirer à la main de la fille de Louis XVI. Son audace reçut son juste châtiment, le 10 thermidor an II.

» Cette terrible journée m'enleva mes plus chauds partisans. Ceux qui nageaient entre deux eaux devinrent plus modérés... De ce nombre fut Tallien; des craintes trop réelles pour lui-même l'éclairèrent sur ses devoirs. Il comprit enfin, que l'anarchie était un monstre dont toute la société était intéressée à arrêter les ravages, contre lequel toute la société s'arme, par conséquent immole sans efforts à son repos. Aussi, chercha-t-il à réparer des fautes, *ou ce qu'il nommait des erreurs*. Il ne parlait plus que du bonheur général, et prêchait ouvertement contre l'arbitraire. Il s'aperçut que la seconde tête du monstre est elle-même une hydre, ornée du symbole de la tyrannie opposant sans cesse la prétendue gloire nationale qu'elle croit seule constituer, à la véritable gloire du peuple qu'elles ne connaissent pas. Un phénomène aussi nouveau dans l'état populaire dont on n'avait connu que les orages, fit aisément adopter une forme mixte, un ordre composite qui, assurant aux Français tous leurs droits, les mît à même d'en jouir tranquillement.

» Les plus sages convinrent alors que la France n'avait point d'autre complot à craindre que celui de l'usurpation de la souveraineté, renouvelée sous tant de formes par les jacobins... (*Malgré que l'insurrection est un droit positif, il faudrait n'user d'elle que comme on use d'un diamant de grand prix, dont à la vérité on est propriétaire, mais qu'on laisse précieusement enfermé dans un étui*) (1).

» La division ne put tarder de s'introduire au sein des comités. On voulut m'imposer des limites et me soumettre au mouvement sectionnaire. Barras se vanta de pouvoir m'enchaîner! Il pensait conquérir la jeunesse dont s'environnait Tallien; grande était son erreur : le vainqueur de Toulon le devait surpasser.

» Dès que le vaisseau eut emporté les victimes et levé l'ancre, mes lois reprirent un peu de vigueur (et pourtant un pouvoir ombrageux me suivait partout depuis la journée du 13 vendémiaire). Vainement on me cherchait, nulle part on ne me trouvait; j'échappais à toutes les investigations du nouveau gouvernement. Le Directoire était soutenu par un parti nombreux et puissant. La révolution toute entière était derrière, les proscripteurs (*et moi-même*) leur servaient d'instrument. Les factions commençaient à perdre toute leur énergie, et le mal inévitable feignait de se changer en une sorte de bien. On avait fait la guerre sous la Convention, on la recommença sous le règne des *Cinq Sires*. Et l'entêtement des uns et l'ambition des autres était la pierre d'achoppement où je devais échouer.

» Ingrate république! m'écrivait-on de toutes parts, bientôt on n'aura plus besoin de vous. Étrangère! vous jouissez dans nos murs de la plus haute considération. Les directeurs ont résolu de vous congédier et de vous

(1) M***.

renvoyer rejoindre le Bien-Aimé! Hélas! le Bien-Aimé recueillait en Autriche ce qu'il avait semé en France en 1789, et semblait continuer de marcher par les erreurs, l'ambition et les illusions des hommes.

» Depuis 1790, trois constitutions étaient élaborées du cerveau des législateurs français, et pourtant on ne cessait de violer impunément le pacte social; on fabriquait des lois avec la planche aux assignats qui n'avaient pas vu deux soleils. Tantôt la France s'interdisait les conquêtes... Tantôt elle ne reconnaissait d'autres barrières que les mers, les fleuves et les montagnes. La volonté directoriale était inconstante comme les vents, et poussait en tous sens le vaisseau délâbré de l'état: le courant l'eût entraîné loin des directions des pilotes. Le 18 fructidor l'avait démâté, mais le 18 brumaire l'empêcha de se briser tout-à-fait. »

CHAPITRE III.

> Qu'on me secoure ou non, je suis votre captive :
> Traitez-moi noblement, songez qu'à votre tour,
> Le destin des combats peut vous trahir un jour.
>
> SHAKESPEARE.

COMME QUOI LA RÉPUBLIQUE DE 1793, CROYANT RÉGNER, SE PRÉSENTE A LA MALMAISON; COMME QUOI LE 1er CONSUL BONAPARTE LUI DIT QUE LA FRANCE NE POUVAIT PAS ÊTRE UNE DÉMOCRATIE.

« Après un long découragement et une longue inertie, l'emprunt forcé, la loi des ôtages, avaient fait évanouir tout-à-fait les prestiges dont s'environnait le Directoire. Ses artifices étaient épuisés, la réprobation générale venait fondre sur lui. Le revenant des bords du Nil, le *demi-dieu des Pyramides*, apparaît en France! On semble reprendre un peu de confiance et d'activité! Les intérêts politiques cèdent la place aux intérêts particuliers! La mystification de Saint-Cloud achève le règne de la liberté et commence celui de la gloire.

» La renommée venait de proclamer protecteur de la France ce nom destiné à devenir immortel! Ne voulant point encore m'exiler, méprisant la bassesse et l'animosité de la jalousie, je me dis : Bonaparte, premier consul, ne peut que me respecter et non me chasser avec ignominie..... Ce caractère passionné, ce génie transcendant, ne fut pas exempt de faiblesse pour moi, il ne peut donc que m'accueillir..... Je vole à la Malmaison, résidence

de l'illustre général ; Joséphine, toujours aimable, toujours gracieuse, m'accueillit, mais avec une certaine réserve : pour Bonaparte, il parut étonné. « Ci-
» toyenne *Respublica*, vous avez séduit les peuples,
» tué Louis XVI, régné par la terreur dans une partie
» de l'Europe : votre nom est couvert d'une rumeur
» sombre et méprisante. Si vous et M. de Lafayette (1)

---

(1) On trouve dans la correspondance de Condorcet et de ses amis quelques anecdotes presque toutes inédites et ignorées sur la révolution de 1789, sur les hommes qui y ont pris part et surtout sur M. de Lafayette. En voici quelques-unes :

Un jour, comme les désordres dans les spectacles étaient presque habituels, M. de Lafayette arriva à la représentation d'une tragédie de Corneille, et à propos de ce vers :

Le pire des états est l'état populaire

le parti patriote se battit à coups de poings dans le parterre contre le parti aristocrate ; et comme on supposait que les loges étaient remplies principalement de ces aristocrates, on jeta des pommes contre plusieurs. La duchesse de Biron qui en reçut une dans sa loge, l'envoya le lendemain à M. de Lafayette, en lui écrivant : « Permettez, Monsieur, que je vous offre le premier fruit de la révolution qui soit venu jusqu'à moi. »

M. de Lafayette, s'étant brouillé avec MM. de Lameth, écrivit plusieurs lettres à Mounier pour l'engager à revenir à l'Assemblée législative ; il lui peignait le regret qu'il avait de la marche de la révolution et lui promettait de s'entendre avec lui pour rétablir l'ordre. Mounier s'obstina à ne pas revenir. Il ne croyait pas que M. de Lafayette déployât assez de force et d'énergie pour s'opposer aux excès ; il ne trouvait pas qu'il se prononçât assez fortement contre les désordres, ni que ces principes fussent assez contraires à ceux sur lesquels ces désordres lui semblaient fondés : « Si vous n'êtes plus, lui écrivait-il, le complice de la révolution, vous en êtes encore le courtisan. »

Voici ce que Suard écrivait à Condorcet, le 26 août 1790 : « M. de Lafayette n'a pas une tête assez forte pour le rôle qu'il joue dans la révolution. Il a tous les talens de la popularité ; il est excellent commandant de la garde nationale, il a des principes de liberté, mais il veut être conciliateur et chef de parti, ce qui ne peut s'accorder, et il n'a pas un esprit au niveau de son ambition. Il écoute trop d'hommes médiocres et surtout trop de petits intrigans. J'ai toujours pensé que les philosophes et les gens d'esprit pouvaient

» enleviez les suffrages en 1789, vous avez manqué de » tolérance et de modération dans la victoire; aussi je » n'entends approuver en rien les diverses constitutions » de vos disciples, qui s'entre-dévorent depuis l'aurore » de nos révolutions. J'aime à croire que ce n'est pas » faiblesse ou découragement de votre part; mais *biens* » *nationaux, hommes, trésors, tout est épuisé*. Votre » sommeil apparent ne durera qu'autant que votre im» puissance sera absolue..... Je m'occupe de réparer » des plaies profondes, et je gouvernerai avec tant de » force et de grandeur, que la France sera relevée » comme par enchantement; aussi je veux tout chan» ger : ma volonté sera la volonté nationale; vous vi» vrez, ma petite *Libertas*, tant que ce sera mon bon » plaisir. Cromwell amusa les Anglais avec une forme » de république qui ressemblait à la vôtre, et les fami» liarisa par degrés avec un gouvernement arbitraire. » Je ferai mieux; je saurai régner, et me couronner » moi-même! *J'ai l'appui de mes généraux, j'ai l'appui de* » *mes victoires! j'aurai celui du clergé! et ce peuple! ce* » *peuple! a toujours conservé une pensée royale!*... Ainsi » soit! la France ne peut pas être une démocratie... » En proférant ces mots du ton de voix d'un despote, il me pinça l'oreille et transforma à ma vue son petit chapeau noir et *gris* en bandeau impérial, etc., etc.

» Je crus dès-lors qu'il m'était nécessaire de veiller

---

bien concevoir une révolution, mais qu'elle ne s'exécutait que lorsque les sots et les fripons y mettaient la main. Il y a des situations où il est absolument nécessaire d'avoir un caractère aussi fort que généreux, et de ne plus composer avec les factieux. » DE G***.

à ma sûreté, et malgré le droit incontestable, inaliénable et imprescriptible que j'avais acquis sur le cœur des Français, je vis qu'il était inutile de réclamer contre sa décision, et de recueillir les voix, encore moins de les compter.....

» Je conviens que, du tems des Dentatus et des Camilles, on pensait autrement; mais ces gens-là n'étaient pas devenus libres en huit ans, et ils ne vivaient que de fêves.

» Tout ce que j'avais à dire sur le nouvel ordre de choses était d'entretenir constamment des relations intimes avec les flatteurs du peuple; je pratiquais les uns, j'avais éprouvé les autres : tout en comparant le despotisme d'un seul homme avec celui de la multitude, j'étais restée convaincue *qu'un bon prince était une chose beaucoup moins rare qu'une bonne populace*. D'accord sur ce point avec mon premier amant, je ne voulais pas l'avouer.

» Sous le règne de Napoléon, je restai sous une surveillance déguisée qui n'en était pas moins importune. J'avais perdu toutes mes manœuvres depuis son couronnement; il ne me restait aucun mât. La déclaration des droits de l'homme, et les divers pactes fondamentaux, ne me présentaient plus que des rocs escarpés dans des parages inconnus. La police, alors toute-puissante, fit saisir et brûler mes papiers. Fouché m'avertit fraternellement de prendre les mesures nécessaires pour retourner vers le pays où la liberté régnait. Je l'écoutai... Quoi qu'il en soit, avant de plier toutes les voiles, et de ne marcher que la sonde à la main, je voulus m'entendre une dernière fois avec le prisonnier d'Olmutz. Sa position vis-à-vis du gouvernement impérial était douteuse ; son peu de crédit sur l'autocrate d'occident lui permettait certainement de m'accompagner ; ses devoirs, ses promesses, son avenir, tout enfin lui imposait le devoir de passer en Amérique : cependant il hésita et me dit :

« D'après les pertes que j'ai essuyées dans une entre-» prise témérairement conçue, il faut que je parvienne » à faire oublier les torts de ma première république. » Les idées nouvelles sont orgueilleuses et impatientes ; » aussi ai-je prêté serment à l'empereur Napoléon, » en attendant de voir le colosse tomber de son pié-» destal d'argile..... D'ici là, madame, *je dois m'en-» dormir dans l'apathie*. Une existence factice ne sau-» rait convenir à celui qui, marchant sur les traces de » César, préfère être le premier dans un village que le » second dans Rome ; aussi je ne veux retourner saluer » les Amériques *que lorsque mes intérêts le commande-» ront* ; ainsi donc, oubliez l'éléphant blanc (1) ; il ne » donnera, sous le règne impérial, aucune sanction » publique à des actes qui, plus tard, ébranleraient sa » popularité. Vous ne pouvez revivre avec un Bona-» parte..... De même que l'assemblée législative pro-» nonça la déchéance de Louis XVI, de même aussi je » prononce la vôtre et placerai désormais ma jeune » liberté en rapport avec tous les gouvernemens euro-

(1) Plaisante allégorie du journaliste Prudhomme pour censurer la conduite du marquis de Lafayette pendant quelques années de la révolution.

» péens, et ne ferai prévaloir mes idées de république » universelle que lorsque les diplomates de la révolu- » tion *auront su me comprendre* (1). »

» Ces paroles à double sens, loin d'affaiblir mon patriotisme, l'exaltèrent encore davantage; *j'étais remplacée dans son cœur,* et pourtant je n'apercevais point de stabilité dans ses opinions. Il eût voulu gouverner le monde et ne savait se gouverner lui-même. Tout est fiction dans ses plans. Ce n'est qu'un jeu d'avoir concouru à la révolution d'Amérique et à celle de France. *Il lui reste encore un désir, et c'est d'aller aider les républicains des autres pays à faire la leur*..... Le docteur Gall, après avoir tâté ses protubérances, avait deviné *qu'il avait peu de titres à la reconnaissance du maître du Grand Orient*.....

Rarement de sa faute on aime le témoin.

Enfin, je le menaçai de ma colère et appelai sur lui la vengeance à grands cris.

» Je connus alors les secrets motifs de mon exil commandé; celui pour lequel j'avais rêvé un long avenir de bonheur n'y était point demeuré étranger..... J'abandonnais donc cette France, cette France si belle, cette France enfin où mes efforts n'avaient pas été sans succès. Je retournais au Nouveau-Monde avec moins d'avantage.

---

(1) M. de Lafayette disait à M. de Montmorin, en 1790 : « J'ai tout pou- » voir pour faire du mal, mais je n'en ai pas assez pour l'arrêter. Je pourrais » par exemple faire mettre le feu au palais des Tuileries, mais, s'il y était, je » ne serais pas assuré de pouvoir le faire éteindre.

Persister dans sa faute est horrible et funeste. (VOLTAIRE.)

» Dans cette noble lutte, j'avais échappé à mille dangers..... Je vivais alors à l'ombre d'une constitution la plus parfaite, sous un gouvernement républicain, gouvernement d'amélioration, de liberté et de progrès, mais il n'était plus dans sa première innocence. Le luxe (depuis l'émigration française) avait fait d'immenses progrès; la simplicité des mœurs n'était plus aussi réelle. On connaissait les désirs, on voulait les satisfaire, on suivait les modes, etc., sans égard pour les préjugés des vieux républicains.....

» Un Français fort avant dans ma confiance, et qui possédait celle du congrès américain, me tenait constamment au courant des nouvelles. Le divorce de Napoléon affligea nos bons colons; on prévit dès-lors que le puissant empereur deviendrait l'allié des rois, et ne montrerait plus que faiblesse : dès-lors sa marche fut abandonnée au hasard. Une chose qui étonne dans le fondateur de l'empire, c'est son indifférence à me faire oublier : son Code civil devait sortir du chaos de mes lois. Toutefois, il faut l'avouer, il possédait l'idée d'un bon gouvernement; mais sa liberté visait au despotisme.

» En apprenant le retour des Bourbons dans leurs états et l'occupation étrangère, on se disait à Philadelphie : « La charte octroyée par Louis XVIII n'a point reçu le suffrage universel; *on aurait dû assembler les états-généraux*. Il fait bon aux rois de consulter les peuples! *surtout dans un siècle où les peuples s'arrogent le droit de les renverser du trône.* »

» Et la mort du maréchal Ney, celle de la Bédoyère, etc.

excitèrent des mécontentemens universels. Il semblait aux Américains que là où existe un maître suprême, ce maître suprême doit avoir conquis le droit de pouvoir pardonner :

..... La clémence est la plus belle marque
Qui fasse à l'univers connaître un vrai monarque (1).

» Dès-lors je crus pouvoir trembler sur les destinées *du vieux et constant défenseur de la victime dévouée, du soldat de l'ordre, fondé sur des institutions toutes républicaines*. Quelques courtisans du pouvoir souverain pouvaient se servir de leur influence auprès du frère de Louis XVI pour le faire succomber.

» Et pourtant je cherchais à me rassurer : les descendans du grand roi ne doivent sacrifier qu'à regret sur les autels de la vengeance ; ce serait calomnier leurs intentions que de croire : *qu'ils fussent libres, de* 1815 *à* 1818, d'écouter le mouvement de leurs cœurs généreux..... Les vainqueurs purent leur dicter des lois ! que le congrès européen finit par imposer, etc., etc.

» La popularité du vétéran républicain de 1776, de 1789, de 1792 *n'est point à craindre* (2), me disais-je ; on ne voudrait pas faire cause commune avec lui, ni interrompre le crédit public, ni le crédit particulier, ni le commerce, ni l'industrie, paralyser les travaux si nécessaires aux ouvriers. Une seconde révolution opérée sous ses auspices et par ses nombreux sectaires réa-

---

(1) P. Corneille.

(2) La vieille république serait-elle la seule de son avis !

liserait la prophétie d'une femme célèbre (1), troublerait de nouveau la sécurité publique, le cours des affaires, et répandrait partout le malaise, la misère et le mécontentement.

» Et c'était pourtant moi, *la république française une et impérissable*, qui me parlais ainsi : mais j'avais mes bons et mauvais jours, et mes yeux de lynx perçaient les voiles mystérieux dont le législateur universel cherchait à s'envelopper.

» Pour donner une juste idée du caractère de l'homme fameux, je me ressouviens qu'il revint visiter ma mère (2), sur laquelle il n'avait cessé de fonder ses plus chères, ses plus brillantes espérances. Je le fuyais et ne le rencontrais que dans les cercles qu'il fréquentait. Un soir que j'assistais au congrès dans la tribune du président des États-Unis, mon volage me regarde, m'observe, m'étudie. Il n'a qu'une voix pour me dire ses pensées. Il se vantait hautement d'être sur le point de volcaniser l'Europe. Mais cette jactance ne m'en imposait plus ! Cependant j'observai que son opposition aux descendans de Louis XIV pourrait faire abandonner, pour un tems, la légitimité, *même populaire*. En outre qu'il pourrait se faire attribuer, *jusqu'à trois fois*, le commandement suprême des gardes parisiennes. Si vous êtes assez puissant pour renverser une dynastie, en 1830, ne pouvez-vous cesser de l'être en 1833 ?... Quoi donc ? celui dont l'élection pourrait avoir des ré-

(1) Mme de Staël appelait M. de Lafayette *la révolution incarnée*.

(2) Sous la restauration des Bourbons.

sultats contraires tarderait-il à s'apercevoir *que son pouvoir est mobile*, que tout le monde redoute, que tout le monde craint, l'arbre que j'ai planté jadis sur toute la face de la France (1), que tout le monde enfin serait dans l'inquiétude et l'agitation, attendu que la souveraineté du peuple dans la reine des cités, de même que dans les provinces françaises, cause de l'effroi et n'est réellement qu'un rêve ou un jeu de *Momus* (2).

» Vous pouvez décider par votre volonté individuelle, prononcer de votre autorité qu'un roi a cessé de régner sur la France!... Plus tard votre conduite sera blâmée; elle donnera lieu aux accusations de la postérité..... Si vous répondez d'un jour, *qui peut vous répondre d'un lendemain ?*.....

Qui ne sent point son mal, est d'autant plus malade.

Il faut constamment du nouveau à une nation et légère et guerrière. Cette nation ne cesse d'imposer des sacrifices..., sans considérer si ces sacrifices ont des limites, s'ils ont une étendue, s'ils ont une durée.....

» La colère se décelait dans tous les traits de l'ingrat : « Vous n'êtes plus, brillante enchanteresse! vous n'êtes plus qu'une railleuse, bourdonnant et vous fâchant. Naguère brillante, entourée de l'auréole de la

---

(1) La terreur et la mort seraient alors à l'ordre du jour :

Qui s'expose au péril veut bien trouver sa perte.

P. CORNEILLE.

(2) On a essayé, soit sous la Convention, soit sous le Directoire, toutes les variations possibles du gouvernement populaire : tous les moyens ont été employés, depuis les coups d'état et les arrêts du tribunal révolutionnaire, jusqu'au laisser-aller le plus facile, et toujours partout on n'a eu que bouleversement et misère. ***.

liberté, aujourd'hui vieille et hideuse, le mensonge à la bouche, vous feignez de vous opposer à mes projets. Oui, c'est cela; vous craignez qu'une rivale... Hé bien! cette rivale existe; c'est un prodige! elle ne peut aucunement se comparer à vous... Je l'adore, la vénère, la respecte, et la saluerai de mon dernier soupir. L'Amérique même l'applaudira! »

La violence est juste où la douceur est vaine.

» Il dit et me lance un regard foudroyant qui me fit comprendre qu'il s'en référait à l'opinion et à sa politique... »

CHAPITRE IV.

Ce n'est pas un grand nom qu'il faut : c'est un grand homme.

***.

ENCORE DES RÉVOLUTIONS.

« Et pourtant, si d'effroyables malheurs se préparent, si le sceptre fragile ne peut calmer les flots populaires en s'inclinant sur eux, alors les baïonnettes seront intelligentes.....

» Et ne pourrait-on changer de direction et surtout se garder de prendre fait et cause pour celui : « *qui s'arrogea le pouvoir, dès le 11 juillet 1789, de proclamer le premier en Europe cette déclaration des droits naturels et sociaux, fruit de sa vie passée, gage de sa vie future, invoqués depuis par les opprimés de tous les partis, qui devint à la fois son manifeste et son ultimatum.* Son manifeste est la guerre européenne, *son ultimatum est la dictature !!!* Des bruits sourds annoncent que des saturnales nouvelles se préparent, que de vieux souvenirs électrisent les ames, qu'une nouvelle idole est sur le point d'être replacée sur son socle. Le nom seul du sauveur de la France deviendrait plus puissant que ne l'est celui (1) du *patriote de 1789, du soldat tricolore,* re-

(1) Extrait du discours de M. de Lafayette aux électeurs de Meaux.

couvert aujourd'hui de la pourpre des rois. Est-il sûr de la force militaire? est-il sûr de l'opinion publique? Si elle lui était opposée, elle gagnerait bien vite les troupes, comme les autres citoyens.

» Maintenant, et avec raison j'abjure mes erreurs; je préfère, pour la France, la royauté à l'anarchie; c'est un gouvernement stable qu'il lui faut, qui la mette en paix avec elle-même, ainsi qu'avec l'Europe. Guidée par l'indépendance, fille de la révolution, elle effrayerait, elle épouvanterait le monde, et finirait par être conquise, morcelée... J'apparais donc à tems pour déjouer l'influence d'une rivale... d'une rivale sans principe, sans base... Sans consulter les masses, elle veut s'imposer sur la volonté et l'autorité d'une nation de trente millions d'hommes, uniquement par le besoin de commander, et l'autorité personnelle du grand citoyen dont la profession de foi est ainsi conçue :

« Le républicanisme avoué de tout tems et en tout » lieu ne m'empêche pas, après ma captivité *coalitionnaire,* de prolonger ma proscription plutôt que d'accéder aux violences royalistes du 18 fructidor (1), » et de même que mon constant dévouement à l'ordre » public ne m'avait pas fait l'illusion de seconder sous

(1) On était alors exaspéré au-delà de toute expression contre la conduite du général; les uns l'avaient jugée prudente; d'autres, au contraire, soutenaient qu'il n'eût point dû quitter son armée. Hélas! dans ces tems malheureux il fallait opter entre la désertion ou l'échafaud. Mais la rentrée en France, au 18 fructidor, n'offrait aucune chance, et promettait au contraire à l'ex-commandant de l'armée parisienne, soit l'oubli, soit la persécution. En ce cas, il fit preuve de sagesse en restant à l'étranger...

» ce prétexte les usurpations successives, un consulat » ambitieux, l'éclat de la gloire impériale, ne m'en- » traîna point dans cette foule de peuples et de rois, de » guerriers et de prêtres, d'aristocrates, de modérés » et de témoins de toutes les époques, passant tous leur » cou dans les anneaux d'une même chaîne (1). Ces » sentimens, je les professais, je les pratiquais sous » les deux restaurations, dans l'intervalle des cent » jours, et je méritai qu'après quarante années d'ab- » sence, il me fût déclaré solennellement au nom des » États-Unis, au sein de *leur congrès national : que* » *chacun de mes actes avait été digne d'un disciple de* » *l'école américaine* (2). *Heureux, si dans ces souvenirs*

---

(1) Si M. de Lafayette *eût passé son cou dans les anneaux d'une même chaîne*, s'il eût daigné manifester à S. M. I. et R. Napoléon Ier ses espérances et ses moyens pour le servir, nul doute que le général n'eût obtenu de l'emploi; mais malheureusement la liberté n'avait que faible accès auprès du grand homme; pour parvenir à son but, il s'était servi des républicains, voire des royalistes, etc.; mais il se méfiait des dispensateurs des trônes! des soldats, s'arrogeant le pouvoir d'élever ou renverser leur empereur. Le petit caporal les redoutait, les surveillait et rarement aimait à s'en voir entouré....

(2) C'est fort louable aux Américains d'avoir avoué publiquement que le grand et *généreux* citoyen avait puissamment concouru à leur faire obtenir une liberté fondée sur de bonnes lois, et dont la base fondamentale *repose sur un budget calculé avec toute l'économie la plus spartiate.* Cependant la reconnaissance de la république des États-Unis *fut digne du Français qui daigna l'accepter!!!* Heureux les gouvernemens qui savent apprécier et récompenser les services; mais plus heureux sont ceux qui ne les reçoivent *que pour enrichir leur pays et non accomplir le grand œuvre* (*Respublica universalis*).

Nil pudet assuetos sceptris (*).

(*) L'habitude de pouvoir tout, fait perdre la honte de tout oser.

Pensées de LUCAIN.

» *d'un demi-siècle, je puis revendiquer quelques droits à* » *l'attention actuelle de mes compatriotes* (1).

» Quant à moi, je n'ai voulu transiger ni avec les vieux républicains, ni avec les nouveaux; j'ai parcouru la carrière des innovations pour lesquelles je n'avais que trop de goût. Ici je m'arrête, et ne veux pas, à l'exemple de mon infidèle, entreprendre à moi seule un orgueilleux panégyrique. Au contraire, je m'accuse en présence des Français, et en toute humilité, d'avoir péché, et je comprends dans ma sagesse, que pour avoir rémission de mes fautes, je ne pourrais raisonnablement approuver l'éloge pompeux de mon premier vainqueur! Ma présence dans l'asile des rois fait son désespoir, ainsi que celui de sa jeune maîtresse! Ma rivale, tout en feignant l'humanité, aurait ses échafauds, ses spoliations, sa guerre avec l'Europe, la royauté populaire courrait les plus grands dangers. D'une part on proclamerait Napoléon II; de l'autre, on arborerait le bonnet de *Libertas*, puis des têtes d'hommes seraient exposées sur l'arc triomphal, et la statue de ma dangereuse remplaçante figurerait sur la fondation angulaire consacrée au martyr... »

A ces derniers mots, prononcés avec ame, le grand général s'écrie : « Je n'ai point voulu faire une révo- » lution en juillet 1830, sans motif; les bases sur les- » quelles je m'appuie ne peuvent me faire crouler au » premier vent de la tempête. *Je tends la main aux*

(1) Discours de M. de Lafayette aux électeurs de Meaux.

» *vaincus au lieu de les achever*(1). Je répudie à jamais, » pour jamais cette énergumène ; elle a donné dans » trop d'excès ; ma divinité actuelle saura tout réparer » (ayant la force nécessaire pour gouverner les Fran- » çais). Elle investira ses admirateurs d'un immense pou- » voir ! Elle distribuera à ses prôneurs des récompenses » (hypothéquées sur quinze cents millions de budget) » accablera ses détracteurs de sa vertueuse indigna- » tion ; elle promet au successeur des rois un hono- » rable exil ! ! ! *L'arbre de Libertas commence à porter* » *ses fruits*. »

» Il faut avoir été témoin de ce qui s'est passé pour avoir l'idée de l'aspect que présentaient la jeune et la vieille république ; déjà elles étaient aux prises, et à mesure que la force leur revenait, elles s'attaquaient, luttaient contre ceux qui se prononçaient leurs adversaires. Le bâton et l'épée étaient entre leurs mains ; elles voulaient juger et corriger leurs juges..... Comme par un mouvement électrique, le petit homme rouge, qui jusqu'ici était demeuré spectateur immobile de cette scène extraordinaire, les bras croisés sur sa poitrine, et de l'air d'un politique absorbé dans ses pensées, leur imposa silence. Un cri épouvantable et dominant sa voix demanda : « Que le sauveur de la France donnât sa loyale adhésion à la royauté du sept août, et » renonçât à imposer la loi ; car ce serait jeter tout » d'un coup son pays dans les horreurs sanglantes des » batailles. » Il repousse ces observations de la manière

(1) Allusion aux derniers ministres de Charles X.

la plus énergique; il parle de la Belgique, de l'Italie, de la Pologne, de la Russie, de la Suède, de la Prusse, de l'Allemagne, de l'Angleterre, et même du Brésil. Selon lui, diverses insurrections seraient le coup de maître *de sa sainte devise*. Le Portugal et l'Espagne l'arrêtèrent peu; mais il ajoute : « La vieille liberté de » 93 et 94, etc., ne saurait se concilier des suffrages » en 1831; elle a perdu toute sa vertu et ne pourrait » présider que le chaos. » A peine eut-il prononcé les derniers mots de sa phrase, que l'anarchie, comme la tête de Méduse, parut dans l'assemblée : « A vous » tous permis, messieurs, de ridiculiser le député » perpétuel; ce nom parlementaire est-il le seul lien » qui existe entre la révolte et le droit? L'esprit de jus- » tice s'éteint et se perd, et ces adeptes du libéralisme » ramèneront les peuples à la féodalité, et alors, comme » alors..... »

» Dès le commencement de cette scène de désordre, le petit homme rouge avait vivement interpellé le *génie incarné* de la révolution; toutefois, je n'avais pu saisir ni leurs interpellations ni leurs réponses, seulement j'entendis : « La haine que je portais à l'Autrichienne » a dû nécessairement rejaillir sur Louis XVI et sa fa- » mille, de plus! Le fils de Mme de Polignac au pou- » voir! ce n'était pas, selon moi, une précaution sage. » Je n'ai pu placer mon indépendance et ma liberté » sous la protection des Bourbons; le passé est l'his- » toire de l'avenir, et le même chemin ramène les » mêmes dangers et ouvre les mêmes abîmes..... Ma » pensée, mon savoir, mon expérience, mon jugement,

» mon libre arbitre, tout, tout me fait un devoir de » conspirer contre ce trône de droit divin..... en at- » tendant *que j'en renverse d'autres*..... En déclarant » sacrifier mon inclination personnelle à l'opinion gé- » nérale, je mentirais à ma conscience et donnerais de » nouveaux alimens à l'excitation populaire. Je n'ai » pas perdu mon avenir, et la dictature me semble » réservée ! »

» Et le petit homme rouge lui répliquait : « Votre » large bon sens et vos expressions naïves *défendraient-* » *elles de payer l'impôt aux maîtres, en attendant qu'ils* » *soient esclaves ?* Je remarque qu'il n'y aurait ni liberté » ni esprit de justice, si on adoptait votre constitution » à la Mahomet ! C'est du délire, de l'absurdité, c'est » de l'économie politique aux dépens des créanciers » de l'état. Sacrifiez votre fortune inutilement, *si tel* » *est votre bon plaisir*, mais les rentiers et ce malheu- » reux peuple ont déjà trop perdu..... » Et avec une profonde douleur il ajoute : « Quoi donc, verrait-on le » constant défenseur de la France nouvelle suscitant » des difficultés et des haines à la révolution de 1830, » *qu'il a si bien servie !*.... Appui d'une royauté popu- » laire, soutenez-la parce que c'est un trône..... (*Les* » *idées changent avec le tems.*) Jadis on élevait des au- » tels au législateur qui organisait une république : » avant peu il se pourrait qu'on crût devoir lui élever » un échafaud.

» Si quelques blessures ont été involontairement fai- » tes à un grand orgueil, ne peuvent-elles pas avoir » une influence bien contraire à la paix publique ? Des

» désastres inouis, universels, seraient le résultat de » l'expérience que vous avez voulu recommencer. »

» L'ami du genre humain baissa la tête d'un air contrit ; il soupira ! La vieille et la jeune république se menacèrent de nouveau ; pour les mettre d'accord, le petit homme rouge les chassa du palais des Tuileries avec l'aide du fils *d'un petit caporal.*

» Alors appuyant fortement ses exhortations par les avis les plus positifs dans le langage éloquent du cœur, il déclare au chef des insurrections nées et à naître qu'il faut en France, ou que la société se dissolve, ou qu'un gouvernement vigoureux la contienne..... L'expérience, mon brave, ne saurait être perdue pour vous. Je ne peux croire qu'après avoir favorisé l'opposition américaine, vous n'ayez pas la force et le courage d'aider celle de votre pays à sortir de cet état d'incertitude où elle se trouve ; au moyen de votre intervention, la royauté constitutionnelle prendrait un caractère plus positif, un objet mieux déterminé et des moyens d'exécution mieux assurés.

» Concourez donc à mettre un frein à sa désolante impériosité, vous, défenseur de la Charte populaire : vous n'avez qu'à vouloir pour faire adopter les institutions les plus en harmonie et les mieux appropriées aux besoins de la France ; ce n'est pas le tout de venir dire au lieutenant-général du royaume : « Vous savez » que je suis républicain, et que je regarde la constitution des États-Unis comme la plus parfaite qui ait » existé. » Ensuite, et par grâce insigne, vous avez admis un trône populaire entouré d'institutions répu-

blicaines, *tout-à-fait républicaines*. On prétend « qu'A-
» chille boude Agamemnon et reste dans sa tente. »
Qu'il y reste, pour Dieu! car on pourrait lui dire :
« C'est pour vous que vous avez travaillé ; vous devez
» être votre juge : on vous considère, vous et vos
» adeptes, comme une immense Convention qui, prête
» a décréter ses destinées, appelle à la barre de sa tri-
» bune Louis-Philippe Ier et tous les souverains de l'Eu-
» rope.

» Malheur serait à vous si, de légèreté ou de fatigue,
» la jeunesse française acceptait, sur votre parole, sans
» examen, votre thème diplomatique, *votre royauté*
» *sans royauté*. Il ne s'agit pas de moins que du salut de
» la France ; il faut la préserver, pour une époque peu
» éloignée, d'une turbulente désorganisation, suivie
» du démembrement ou de la conquête. La solution du
» problême doit se trouver entre les deux extrêmes.....

» Oh! vous, qui ne voulez reconnaître aucune limite
» entre vous et votre roi! protecteur aujourd'hui d'une
» seconde république, vous ne serez bientôt plus que
» sujet, *et sujet enchaîné* ; j'avouerai avec la même
» franchise ce que je crois le mieux pour la patrie des
» fiers Gaulois, ce serait non un Charles XII, mais un
» souverain pas trop pacifique, plus souvent belliqueux,
» bien conseillé surtout, en garde contre l'ennemi
» commun (1). »

---

(1) Henri V, roi d'Angleterre, profita de la démence où était tombé Charles VI, roi de France, pour débarquer en Normandie. Son armée, épuisée par la fatigue et les maladies, était perdue si les généraux français avaient eu

Viens et prends une épée, ne fût-elle que de bois. Voilà deux jours qu'ils sont soulevés (1).

Le gouvernail de l'état s'agite avec effort parmi les violences d'une longue tempête, tantôt surnageant et tantôt submergé, s'épuisant par la lutte, se perdant par la résignation......... A l'instant même des cris confus et redoublés parvinrent au pavillon Marsan où l'on s'était réuni. A l'aspect des deux républiques que la vérité baignait, non avec le secours des pompes de la place Vendôme, mais avec celui du peuple irrité! l'allégresse publique se manifestait à fur et à mesure qu'elles faisaient les plongeons dans l'un des bassins du jardin. Des acclamations, des feux de joie et des *vivat* fixèrent l'attention de l'intrépide guerrier. Il frémit; il était dépouillé de son vernis séduisant. La jeune liberté faisait retentir l'air de ses cris; en vain appelait-elle les héros de juillet... Les héros de juillet combattaient alors pour la cause sacrée de la patrie: ils repoussaient le choléra-morbus, l'invasion étrangère... Fidèles à leurs sermens, fidèles à leurs drapeaux, ils se seraient bien

---

la prudence de la laisser se consumer elle-même : mais leur témérité leur fit renouveler les fautes et les désastres des journées de Créci et de Poitiers; et la bataille d'Azincourt, perdue alors par les Français, livra ce royaume à l'ambition de Henri.

Le défaut d'argent et de provisions le força de repasser en Angleterre; mais il rentra bientôt en France et fut reconnu héritier de la couronne de France par le traité de Troyes.

.... *Timeo Danaos et dona ferentes* (*).

(1) Shakespeare.

(*) Je crains les Grecs, même quand ils font des présens. (VIRGILE.)

gardés de venir secourir l'une ou l'autre des deux républiques. Au contraire ! ils les maudissaient, les exécraient, les accusaient dans un langage énergique d'avoir livré la France..., de l'avoir vendue...

...... *Deteriores omnes fimus licentiâ....* (1).

L'amant infortuné ne pleurait pas ; ses larmes étaient taries ; le désespoir s'était emparé de lui ; il ne cessait de parler du fameux programme de l'Hôtel-de-Ville..., de trahison, de manque de foi, etc., etc. Sa joue devint pâle ; c'était un lis abattu par la grêle. Le petit homme rouge possède au plus haut degré la science du docte Lavater. Aussitôt qu'il voit un visage, il distingue celui d'un diplomate, d'un académicien, d'un partisan du mouvement, du juste milieu, de la résistance, de l'intelligence sympathique ; de même que, sur le front et dans la forme du crâne, il distingue le quasi-monarchique, le partisan du duc de Reichstadt, celui de la jeune et vieille république ; de plus ! l'homme impie, hypocrite, ambitieux. En revanche ! il apprécie le caractère national ; l'homme universel fut son prodige, *il lui fit don de la fameuse redingote grise, ainsi que du petit chapeau,* qui non-seulement le rendait invisible (à volonté), mais encore l'a placé au rang des immortels ! Il proposa au législateur de juillet 1830, au parlementaire *inamovible*, de lui découvrir quel serait le dénouement du drame qui se préparait (la folie est à l'étude) ? Sur son refus, il dit :

« Votre profession de foi est celle d'un républicain,

(1) La licence nous conduit tous à la dépravation. TÉRENCE.

et votre dernière déclaration aux électeurs de Meaux est la déclaration d'un homme qui se flatte d'avoir donné une couronne. Vous portez plus haut et plus loin vos vues. » Mais :

Haud facile est placidam ac pacatam degere vitam,
Qui violat factis communia fœdera pacis (1).

« Ne désespérons de rien, disait la vérité, j'ai ma marche comme l'erreur. *L'ostracisme* ne dure qu'un tems. Mais au premier danger de la patrie, la vertu triomphe et chacun reprend sa place. »

Et le petit homme rouge souriait d'un air mystérieux. La multitude l'entraîna. Le peuple à son aspect manifesta le plus grand enthousiasme. On disait dans les groupes : « C'est lui ! c'est le protecteur de Napoléon ! de même il veillera sur son fils. *Ici le trouble de la vérité devint visible*. Sa présence seule ne put que réfroidir l'ardeur des malveillans. Mais les curieux donnaient à l'amant des deux républiques une espèce d'harmonie populaire avec accompagnement de *houra, houra*, avec des sifflets. Plusieurs voix répétèrent en chœur :

Honneur à celui qui ne tourna jamais le dos, ni à son ami, ni à son ennemi.

A celui qui n'abandonna jamais son roi, ainsi que ses drapeaux.

A celui qui donne asile à un proscrit sans s'informer s'il est du mouvement, du juste milieu ou de la résistance.

A celui qui n'a jamais vendu ni acheté la justice.

A celui enfin qui aime la France pour elle et non pour lui.

---

(1) Quand on a troublé l'ordre, la tranquillité publique, il faut renoncer à mener une vie douce et paisible. LUCRÈCE.

Ces chants n'étaient pas trop flatteurs pour celui qui avait entraîné ses collègues dans une démarche périlleuse, sans leur donner le tems de la réflexion. Pourquoi aussi renverser le gouvernement qu'on avait servi ?..... pourquoi ! pourquoi !..... Alors le pauvre vaincu tenta de s'échapper par la grille de l'arc triomphal du Carrousel. La vieille et la jeune république s'opposèrent à son évasion ; mais déjà le *bonnet Phrygien ne coiffait plus leurs têtes*. Le Louvre me paraissait occupé par un poste étranger. On parlait ouvertement d'un soulèvement général. *Cinq partis étaient en présence* (1). Un prince germain donna des ordres contre l'estimable général ; il ne s'agissait de rien moins que de le renfermer une seconde fois dans les cachots d'Olmutz. *Sur un signe maçonnique*, les nombreux satellites de l'Autriche *enchaînèrent un Français* et se dirent entre eux : *l'univers tout entier ne le sauverait pas*. Quant aux deux républiques, elles furent confiées aux soins du docteur Esquirol (2).

A cet aspect la céleste déesse crut de son devoir de sauver l'honneur et la liberté d'un brave. *Et pourtant les yeux des Parisiens n'étaient plus fascinés.....* La position équivoque et ruineuse de la capitale n'était, à vrai dire, que son ouvrage : *il avait éloigné ce beau soleil de paix, ce beau soleil qui fécondait depuis seize ans, et laissait reverdir de vieux lauriers qui la paraient si bien.*

(1) Les partisans de Louis XVII, ceux de la république, de Napoléon II, de Henri V et de Louis-Philippe Ier.

(2) Médecin en chef de la maison de santé de Charenton.

Cependant l'honorable prisonnier manifestait hautement son opinion et déployait le plus grand caractère. Son regard *était celui de Marius assis sur les ruines de Carthage;* il osait défier les ennemis (1)... mais le peuple souverain ne lui prêtait aucun aide, et se gardait bien d'élever la voix en sa faveur. Un moment il fut sur le point d'être livré aux maillotins.....

Le char de la vérité s'offre à la vue comme un complément naturel, comme une conclusion nécessaire..... *Fuyez, hâtez-vous, vous pouvez échapper...* (2) Elle dit, et place à sa droite l'illustre général; je m'empresse aussitôt de briser ses liens. Les destinées de votre patrie descendent-elles en traits sombres sur votre esprit? demandais-je à mon compagnon de voyage. Il pressa ma main, la posa sur son cœur; dès-lors je deviens son plus solide, son véritable appui.....

---

(1) Le seul moyen de résister à la coalition *armée du choléra-morbus*, c'est d'arrêter la nouvelle Fronde en disant : *Nous ne voulons pas persévérer plus long-tems à nous égarer dans cette fausse route.....* La convocation des 40 mille communes de France, pour émettre leur vœu et nommer des députés aux états généraux chargés de réparer tous les maux (*sans compter ceux qui nous menacent encore...*), satisferait tous les intérêts et serait conforme à toutes les opinions... Hélas! hélas! les *souvenirs des quarante années qui viennent de s'écouler sont présens à tous les esprits.* Heureusement que l'admirable garde nationale a parfaitement compris ses droits et ses devoirs; elle seule pourrait suffire pour préserver la terre des dieux des plus horribles fléaux; cette milice citoyenne a déjà empêché beaucoup de mal; *elle seule empêchera les agressions occultes et leur manège déloyal.....* elle seule enfin confondra les agitateurs maillotins, sauvera la nation en se sauvant elle-même...

C'est dans les grands dangers qu'on voit un grand courage.

(2) Macbeth.

CHAPITRE V.

Altera jam teritur bellis civilibus ætas,
Suis et ipsa Roma viribus ruit.
HOR., Epod. 16.

Un siècle s'est écoulé, la guerre civile dure encore,
et Rome se détruit elle-même en égorgeant ses enfans.

COMME QUOI L'AMANT DE LA JEUNE ET VIEILLE RÉPUBLIQUE PARUT ÉTONNÉ DE SE TROUVER A HOLY-ROOD, COMME QUOI IL EN MANIFESTA SON MÉCONTENTEMENT, QUELLE FUT LA RÉCEPTION QUE LUI FIT CHARLES X.

La céleste Déesse nous transporta comme l'éclair dans un pays séparé de l'Angleterre par des rivières et des montagnes; nous nous trouvâmes dans la partie méridionale de l'Écosse. Le soleil était voilé par les brouillards qui, venant de la mer, s'étendaient sur les côtes; la plage et les rochers couverts d'une herbe jaune et flétrie, offraient le sinistre aspect du désert; en outre, le plus profond silence régnait autour de nous...

Après avoir suivi un chemin creux, et que les pluies avaient rendu impraticable, nous nous reposâmes sous l'ombrage d'un vieux chêne couronné.

Ses racines étaient rafraîchies par deux sources séparées par un petit rocher et situé au penchant d'une colline sur le bord d'un précipice.

Bientôt des chants écossais embrasèrent mon ame du feu sacré de l'enthousiasme, la vérité le partageait. Je me rappelai les tôuchantes infortunes des Stuarts, et ce noble dévouement des montagnards pour la cause du prince Édouard.

Un air de franchise et d'affabilité ajoutait encore à la première impression produite par l'extérieur des bardes.

Et je disais : L'auguste famille de nos rois, n'espérant désormais aucun secours humain, ne s'occupe plus que d'un avenir dans lequel elle est convaincue de posséder le bonheur qu'elle n'a pu trouver sur la terre, et je jetai un regard sur le château qui domine Édimbourg.

Ce fut avec des sentimens bien différens des miens que le Washington français contempla ces tours grisâtres et massives ; on les apercevait de loin s'élevant au-dessus des arbres majestueux qu'elles couronnent. Mes regards furent frappés en ce moment du noble aspect d'une magnificence déchue ; je sentis mon cœur défaillir, et je demandai aux Dieux ce que le fils du duc de Berri avait fait pour mériter de partager d'aussi grandes infortunes ! La vérité, malgré la prudente réserve que j'avais adoptée, s'aperçut de mon trouble, de mon embarras et de ma douleur respectueuse. Elle m'applaudit, et témoigna quelque indignation à l'auteur de leurs maux.

Il gardait rancune au fond du cœur aux exilés d'Holy-Rood, et sous le prétexte de vouloir visiter la capitale de l'Écosse, il voulut descendre du char. La vérité s'y opposa.

« Non, point de pacte avec la branche aînée des

» Bourbons ; l'immensité les sépare à jamais de la
» France ! Un homme tel que moi ne peut répudier la
» solidarité des événemens de juillet... Déesse, s'écrie-
» t-il avec vivacité, vous troublez mes jouissances ;
» le destin qui me conduit à travers une vie agitée et
» pleine de dangers, me presse tellement en cet instant
» que je n'ai pas d'autre alternative que celle de croire
» *Que la chute est écrite par la main du remords !* »

Et je remarquai au bas de la montagne deux femmes voilées ; elles soutenaient la marche chancelante d'un vieillard (1).

A leur aspect, le noble général se troubla ; il essaya de briser le charme invisible qui le retenait : ce fut en vain ; alors il se dit : « Un mot suffiraït, mais ce mot, qui le dira ? »

« Ce vieillard fut un souverain adoré, qui ne vou-
» lait régner que par l'amour, la bienfaisance et la jus-
» tice. J'ai signé la ruine de son pouvoir, et peut-être
» celle des autres souverains de l'Europe... Comment
» arracher le bandeau qui cache la vérité aux princes ?
» Depuis seize ans, on l'a rendu plus épais.

» Et pourtant des acclamations universelles avaient
» accueilli l'avènement de Charles X au trône. Ce mo-
» narque comprenait peu l'esprit de son siècle, et la
» situation de son gouvernement ; il s'en fallait de beau-
» coup qu'il ne fût inspiré du génie et de l'esprit de son

---

(1) C'est lui ! il a encore cette empreinte que la sage nature a mise sur son front pour qu'elle servît aujourd'hui à le faire reconnaître.

SHAKESPEARE.

» frère. Charles avait le cœur français ; il était essen- » tiellement bon ; les courtisans et les jésuites lui ont » fait bien du mal... Qui oserait venir lui repro- » cher, dans l'exil, ce qu'avec sa puissance il n'eût pu » empêcher ? *J'avouerai que le comte d'Artois était dé-* » *trôné avant que d'être roi* (1)... La vue de cette fa- » mille malheureuse me fait mal, quoique leur ennemi » né ! Les infortunes de Mme la duchesse d'Angoulême » sont un exemple frappant de la vicissitude des choses » humaines (2). Son récent exil est une leçon pour » moi. »

Sur un tertre élevé, deux enfans folâtraient auprès de leur mère ; ils cueillaient le souci champêtre, la rose des champs au milieu des épines... Une seconde Jeanne-d'Arc présentait au plus jeune *le gui sacré, le laurier et le lis*. Caroline effeuillait la blanche marguerite, et le petit Henri voulait se couronner.

Plus le noble exilé avançait vers nous environné de sa famille, et plus je remarquai que le malheur lui avait laissé toute sa sérénité ; il dit à la Vérité, qu'il reconnut : « Déesse ! je vous ai long-tems cherchée au milieu des ténèbres où vous avaient ensevelie des hommes injustes, et je me suis livré d'autant plus volontiers à votre recherche, que je rendais par ce moyen service non-seulement à ma conscience, mais encore à cette France qui a été mon berceau.

---

(1) Les aveux faits à la tribune dispensent de toute explication.

(2) La fille de Louis XVI s'était opposée aux fatales ordonnances, et la fille de Louis XVI est bannie aujourd'hui du palais de ses pères..... Honte et remords.....

» Il semble que la vie de ma vertueuse fille ne soit qu'un théâtre tendu de deuil et couvert de sang : victime des partis et de la politique des ennemis de son père, son invincible constance dans le malheur lui érigera un trophée immortel digne de l'admiration de tous les siècles.

» La douleur ajoute du lustre à ses vertus et donne du ressort à son génie et à sa grandeur d'ame. L'attachement pour cette princesse ne peut être commandé ; il sera toujours l'expression libre du cœur et le fruit des véritables bienfaits.

» Si l'esquisse de tant d'infortunes pouvait rappeler les Français à la douce voix de la raison, la noble fille du malheureux Louis XVI se trouverait trop heureuse de leur épargner le crime d'armer contre leurs frères et les rendre victimes des plus fatales combinaisons (1). Dans quelques mois peut-être il ne sera plus tems. »

Quelle ame sensible ne sera point vivement émue de la réponse de la plus âgée des deux femmes : « J'ai du courage, j'ai fait *pour être moi* les plus grands sacrifices. Vous le savez, ô Vérité ! j'ai obéi à la voix de mon père ; j'ai pardonné à ses bourreaux : je leur pardonne encore, et ne veux me souvenir, sur la terre étrangère, que de la France que j'ai tant aimée, que de la France que j'aime encore. Descendante de Marie-Thérèse, je n'oublierai point que le sang du grand roi

(1) Les Romains, loin d'envier aux femmes la gloire d'avoir sauvé leur pays, immortalisèrent leur dévouement par l'érection d'un temple dédié à la fortune des femmes. On le construisit dans le lieu même où Véturie avait vaincu et désarmé son fils.

circule dans mes veines ; aussi ne cesserai-je jamais d'être bonne Française et je saurai le prouver. »

(*Dans la situation où se trouvait l'amant des deux républiques, il était facile de s'apercevoir qu'il souffrait. Habile à se contraindre, il cachait sa profonde émotion; mais des soupirs déchirans attestaient qu'il n'était point insensible, encore moins démoralisé.*)

Elle ajoute, en parlant à sa compagne : « O Caroline ! si vous ne modérez pas votre imagination, vous serez malheureuse ! Ne souffrez pas que cette ennemie de la raison vous maîtrise : c'est au sage à la conduire, et non à se laisser vaincre par elle. Croyez-moi, méfiez-vous de cette compagne dangereuse ; elle égare quelquefois ceux qui ont l'imprudence de la prendre pour guide.

» Hélas ! ma très-chère, nous ne sommes que des voyageurs ici-bas. Eh ! qu'importe le lieu qui nous sert de retraite ? partout nous devons souffrir, partout nous devons supporter nos maux et tâcher d'adoucir ceux des autres. Oui, Caroline ! oui, ma sœur ! soit que le chaume couvre notre toit rustique, ou que le marbre et l'or aient contribué à former nos palais, partout il est une porte pour le chagrin, pour la douleur. Hélas ! qui plus que vous devait espérer de ne jamais le connaître ? Cependant, voyez votre sort... vous avez possédé tous les biens qui font chérir la vie. Vous êtes mère, Caroline (1) ! et moi, vaine espérance ! je suis destinée à être

(1) Du sort qui me poursuit, trop fatale influence !
Je voulais te parler, je voulais que mon fils,
D'une illustre maison relevât les débris. SHAKESPEARE.

toujours malheureuse! quelle idée déchirante! » Ici, une larme vint mouiller la paupière de l'infortunée. « A Holy-Rood, en vain appellerions-nous la pitié sur notre triste situation, nous ne l'obtiendrions pas; aussi gardons-nous de vouloir l'invoquer; car la terreur a fermé la bouche au petit nombre de gens de bien que la contagion du crime et de l'erreur a respectés, et la vue des périls qui menacent l'homme assez courageux pour dire la vérité, a glacé tous les esprits (1).

» Cette leçon sera-t-elle perdue pour vous, pour vous, grand homme! et ne vivrez-vous que dans le succès d'un obscur complot et de l'invasion du pouvoir par une poignée de factieux? Vous chérissez l'honneur, la prospérité de votre pays, et votre pays est sous l'influence de la politique étrangère! Si Dieu permet qu'un homme de cœur et de sens, capable de grandes choses, ait déshérité un peuple de son roi, de même ne peut-il employer ses efforts à réintégrer l'héritier dans ses droits? » Ainsi s'exprima la Vérité au moment même où le jeune enfant, couronné de chêne, de laurier et de lis, se présentait devant le général. Il imposa silence du geste et de la voix au pauvre Henri. Sa sœur lui fit une profonde révérence et s'enfuit aussitôt. Le héros sentit battre son cœur :

How is't with me, when every noise appals me (2)?

Pourtant je ne porte aucun intérêt à cette branche dé-

---

(1) Elle n'a pas glacé les miens!

(2) Dans quel état suis-je donc, puisque le moindre bruit me fait pâlir?

SHAKESPEARE, *Macbeth*, act. 2, sc. 2.

chue..... » Dès-lors je remarquai qu'il prêtait l'oreille aux moindres discours de la famille de Priam.

« Le chagrin ne tue pas, répétait le vieillard, mais il dessèche le cœur ; il flétrit le germe de l'existence. Dans ce triste état, on ne peut ni vivre ni mourir : l'ange du trépas et celui de la vie refusent également leurs secours à l'infortuné que le malheur accable : repoussé par tous les deux, que peut-il faire?... Traîner lentement son sort et boire goutte à goutte le poison qui le mine.

» La première époque de ma vie fut partagée entre ma famille, mes plaisirs et mes regrets. Sous le règne de Louis XVIII, je ne pus devenir l'homme de tous les partis (1). J'aimais ma noblesse, j'ai voulu réparer envers elle les torts de la révolution ! Les créanciers de l'état auraient eu leur tour, de même que le commerce; une juste et préalable indemnité leur eût été allouée, ainsi qu'un notable dégrèvement aux contribuables. Faire le bien de mon peuple est un problême que ne pourra cacher la poussière des tombeaux. Mais personne ne pourra nier que l'urne qui renfermera mes cendres, ne présènte une sublime leçon à la postérité, car elle contiendra le récit fidèle des malheurs de la branche aînée des Bourbons, et mettra au grand jour

(1) Les souverains les plus sages se trompent comme les autres hommes, et une main royale a souvent apposé le sceau de la chevalerie sur une épaule digne plutôt d'être marquée par la main du bourreau. Pourquoi les en blâmer! les rois font de leur mieux, et eux comme nous doivent répondre de leurs intentions et non de l'événement.

***.

l'intrigue et la cabale astucieuse de ceux qui l'auront renversée (1).

» Qu'il jouisse donc de sa faveur sans la troubler par des plaintes, celui qui possède au suprême degré l'art de ne point se montrer, et qui nous laisse souffrir en repos, s'il peut en être encore pour sa triste famille.

» Peut-être s'il eût tendu une main protectrice au jeune Henri, s'il eût étouffé les factions, méprisé les traîtres qui nous ont opprimés, et s'il eût enfin conservé la régence, de quelle gloire il se fût couvert (2) !

» De même s'il a pris sur sa tête la responsabilité des évènemens qui suivront, certes, ils ne sont pas d'une faible importance. Certain du triomphe de celui que je nommais mon frère, je pouvais croire que, malgré les infortunes de ces aînés, *neuf cents ans d'habitude* ne permettraient pas de prononcer le nom de Bourbon sans respect.

» J'ai épuisé jusqu'à la lie la coupe amère de l'outrage. Des séditieux osèrent profaner le sanctuaire des vertus, pénétrer dans l'intérieur des appartemens royaux, m'en chasser moi et mes fils, et profiter audacieusement du fruit de nos dépouilles. »

La vérité, silencieuse et attentive, notait sur ses tablettes ce qu'elle recueillait; en outre elle admirait

---

(1) *Nil conscire sibi, nullâ pallescere culpâ.*

Faisons en sorte que le remords ne trouble pas notre conscience, que nous n'ayons même à rougir d'aucune faute. HORACE.

(2) Gardez-vous d'ébranler les colonnes du temple. On peut abattre sur soi l'avenir, et plus d'une fois les Français se sont ensevelis sous les ruines qu'ils ont faites. M. DE CHATEAUBRIAND.

la figure céleste de ces enfans, sur laquelle les grâces et la douceur se peignaient à l'envi... Alors elle regarde le vieillard avec attendrissement et dit :

« *Ah me! the flower and blossom of your house, the wind hath blown away to other towers* (1).

» Oui, céleste déesse! répond le jeune prince de Béarn, j'accours du sein des montagnes, je promets la paix à ma patrie, je la lui donne; ma loyauté désarmera les prétentions (même celle de l'honorable M. de La Fayette). (*A l'instant même, il présente la main à l'illustre général qui reste stupéfait d'admiration et de douleur.*) Ma gloire commandera les égards et imprimera le respect. Animé du noble motif de commander à des Français, les plus difficiles entreprises ne me coûteront rien; calculées par la sagesse, elles seront accomplies par la vaillance, et je saurai couvrir le tombeau de mes ancêtres de la palme de l'immortalité. »

Alors, s'adressant directement au nouvel exilé, il lui dit : « La cause de la maison de Bourbon est-elle » moins juste, moins légitime, parce qu'elle est repré- » sentée par un prince entièrement étranger aux er- » reurs qu'on a pu reprocher à son père ?

» Si l'on pouvait lire au fond du cœur de Louis-Philippe et apprécier ses regrets, on en tirerait une conséquence bien différente de celle que le vulgaire suppose.

» Si le grand Condé se rendit coupable de rébellion envers Louis XIV, le duc d'Orléans, voyant que les

(1) Hélas! qu'est devenue la fleur et l'espérance de votre maison! le vent l'a donc emportée vers d'autres lieux?

esprits s'échauffaient et se portaient à la révolte avec une rapidité effrayante, que dans vingt-quatre heures peut-être il ne serait plus tems d'y apporter remède et d'arrêter les suites de cette insurrection calculée, crut dans mes *intérêts devoir se couronner* (1)!

» S'il n'a point encore expliqué ses pensées et ses intentions à mon égard, on convient qu'il ne parle qu'avec respect de tout ce qui est respectable, et qui sait qu'il n'y a rien sur la terre de plus respectable que l'innocence et le malheur (2)? malgré son enthousiasme et

---

(1) J'aurais désiré qu'on se fût arrêté à l'innocence et au malheur. La barrière était belle. L'étendard de la liberté aurait flotté avec moins de chances de tempêtes, et tous les intérêts se seraient réunis.

M. DE CHATEAUBRIAND.

(2) Lors de la rentrée de Napoléon, au 20 mars 1815, la respectable duchesse douairière d'Orléans avait eu le malheur de se casser la jambe quelques jours auparavant. Dans l'état où elle était il eût été impossible de la transférer ailleurs; alors on en parla à Napoléon; son premier mouvement fut de visiter son illustre captive! C'était un autre Alexandre plaignant la famille de Darius. Il en fut empêché. La reine Hortense se chargea de l'honorable mission de venir assurer Mme la duchesse d'Orléans de tout l'intérêt que sa position inspirait à l'empereur!... Elle ne fut point admise. La pauvre malade, en proie aux plus cuisantes douleurs, ne cessait encore de gémir sur les hautes infortunes de sa famille, auxquelles elle était sincèrement attachée. Un jour qu'elle s'affligeait douloureusement, elle se fit apporter l'un de mes ouvrages. (*Elle daignait les agréer avec bonté, m'en demandait toujours un nombre d'exemplaires*, soit par M. de Folmont, soit par le chevalier des Graviers, son chevalier d'honneur et mon ami, chargés par la princesse de venir me remercier.) Après avoir commenté la vision de l'île d'Elbe, elle s'arrêta particulièrement à la pag. 580, *Souv. Proph.*, où j'annonce le départ et la rentrée des Bourbons. Cette princesse admirable conçut alors de l'espoir. M. le chevalier des Graviers le fortifia. L'illustre malade voulut me voir; elle me félicita sur mes écrits, et me demanda si la princesse Hortense lui gardait rancune. Je l'assurai du contraire, ajoutant que la fille de Joséphine avait connu le malheur, qu'elle l'honorait et que son cœur ne repoussait point la famille royale; en un mot elle parut plus calme... Je pus juger alors de l'excellent cœur de la duchesse;

l'exaltation de ses principes d'égalité, son cœur est sensible et généreux, mais trop franc, trop noble pour avoir recours à la moindre ruse, *même pour servir sa cause.* Ainsi pensait un Bourbon dont la mémoire sera toujours chère aux Français, quoiqu'il appartienne à la branche aînée. Ainsi pensait le bon Henri, qui était roi non par la grâce du peuple, mais, ventre-saint-gris, par droit de conquête et par droit de naissance. Aussi mon cousin doit-il se dire : « Un jeune prince né pour les empires, et pour qui les empires semblaient être nés, fut remis à mes soins par le chef de ma famille. Tuteur né de ce royal orphelin, j'avais des devoirs à remplir envers lui, envers la France. Le parti populaire m'investit de la puissance ; j'avais tout à gagner, il fallut obéir. Le nouveau gouvernement crut devoir exiler une famille..... Et moi aussi j'ai une famille.....

» Et cet enfant, ce cher enfant..... chut!..... mon très-cher cousin, souffrez

> Que je réclame ici le droit de parenté
> Sans que ce droit puisse être contesté (1). »

Cet à-propos du jeune Henri émut singulièrement

---

dans la crainte de compromettre ma sûreté, elle voulait absolument me faire reconduire par des faux fuyans. Je m'y opposai : Du moment, lui dis-je, Madame, que j'ai consolé la reine Marie-Antoinette à la conciergerie, en 1793, je peux hardiment, en 1815, expliquer mes ouvrages à l'honorable personne qui daigne les distinguer... J'affirme que si Mme la duchesse d'Orléans vivait encore, *la royauté de juillet aurait eu pour elle peu d'attrait.* Elle adorait son fils, elle eût tremblé pour lui..... car l'excellente princesse se méfiait de la faveur du peuple :

> Ce qu'un jour il adore, en l'autre il le déteste. BOILEAU.

(1) Goldsmith.

M. de Lafayette ; il ne put s'empêcher de le manifester, la Vérité y applaudit.

Il est donc des résultats qui ne permettent pas toujours de laisser dormir la liberté et de pouvoir résister.

Si le génie de Napoléon, ce génie qui embrassait au-dedans et au-dehors toutes les parties d'un grand royaume, qui savait choisir les hommes, non pour l'état, mais pour lui ; qui savait ensuite les pénétrer, les apprécier et les diriger, et ployait toutes les volontés à la sienne, apparaissait au roi des Français, et lui disait :

« Vous voilà satisfait, vous voilà roi ; votre nom seul excite des transports dans les départemens que vous parcourez. Jouissez du moment, jouissez de la reconnaissance publique si vous faites bien. Surtout *n'entrez point en partage de votre autorité ;* voyez tout par vos yeux, écoutez toutes les voix, pénétrez dans les cœurs qui volent au-devant de vous. Gardien d'un aussi beau royaume, versez la dernière goutte de votre sang pour le conserver. Roi par la grâce du peuple, *sujet de vos sujets,* au milieu des calamités publiques, vous devez vous affliger ; vous avez vu ébrancher le grand arbre qui vous a si long-tems intercepté le soleil, *mais impossible sera de le déraciner tout-à-fait ;* car, tandis que vos partisans sont frappés des craintes les plus vives, les exilés d'Holy-Rood ne sauraient-ils conserver l'espérance ?

» C'en est fait, ô France ! tes dieux impuissans ne peuvent détourner l'orage qui te menace. Je vois une troisième coalition lever une tête audacieuse, précédée de la destruction. Tu tombes, ô France ! lorsque tous ceux que tu croyais tes amis trahissent à la fois leurs sermens. J'ai le cœur déchiré de l'avenir funeste.

Le signal des combats vient de se faire entendre ;
Tous les bras sont levés, que faut-il en attendre ?
La famine au teint pâle augmente les déserts ;
Le deuil, l'effroi, la mort, parcourent l'univers. »

Et le jeune Henri se rapprocha de moi : il dit : « Bonne Française, je regarde comme un monument d'un courage magnanime ce que vous avez entrepris. Il se peut que vous soyez persécutée par les méchans, blâmée par les peureux et cruellement censurée par les ingrats ! Et pourtant le règne de la vérité doit triompher du mensonge ! De même, Thémis ne peut rester voilée (1). »

---

(1) Une dame de la très-haute société, instruite et spirituelle, se trouvait chez moi à l'instant même où la première épreuve de cet ouvrage me fut apportée. La parcourir, la commenter fut pour elle l'affaire d'un moment..... « Ma très-chère, me dit-elle d'un air consterné, qu'écrivez-vous donc ? avez-vous réfléchi aux conséquences... parlez-vous sérieusement ? etc., etc. Oser mettre en scène de tels personnages, réveiller de tels souvenirs ! que dira M. de Lafayette, que dira le roi ?... — Le premier, Madame, y attachera très-peu d'importance, le général en a lu bien d'autres !... J'aurais tenu à grand honneur d'opérer sa conversion politique... mais il ne veut pas me donner ce plaisir ! ! ! Quant à S. M. Philippe Ier, il ne peut que me savoir gré de parler avec intérêt et respect de sa propre famille... — *C'est mal lui faire sa cour que de les humilier ! vous êtes carliste*, ma chère ; c'est un tort, un très-grand tort ; vous n'aimez pas... — Je pense qu'il faut sauver son pays et soutenir son prince !... Joseph II, consulté sur ce qu'il pensait sur la révolution américaine, répondit sans hésiter : *Mon métier à moi est d'être royaliste*. De même le mien m'impose le devoir de dire la vérité, *rien que la vérité*. » Sur l'observation de cette dame que mon ouvrage pourrait déplaire souverainement : « Tant pis, lui dis-je ; *Honni soit qui mal y pense*. — Il sera saisi. — Tant mieux. » Alors elle décline le mot *prison*. « Hé bien ! lui dis-je en riant,

« Et vous, vieillard respectable, ajoute Charles X en parlant au vétéran des armées, vous-même avez éprouvé l'inconstance du bonheur (1), vous-même avez souffert de l'ingratitude... Au faîte du pouvoir, votre ardente témérité m'eût fait vous mépriser..... Proscrit aujourd'hui! signalé aux bourreaux qui veulent ensanglanter notre patrie commune! je vous accueille, n'êtes-vous pas Français? L'*exilé d'Holy-Rood doit oublier les injures faites au roi de France* (2). Restez au milieu de nous! soyez le mentor du jeune Henri! qu'il apprenne sous vous l'art de la guerre! le souvenir de plusieurs hauts faits dignes d'admiration! C'est une éducation toute militaire qu'il lui faut. Le malheur commun sera le ciment de notre confiance mutuelle! Éloigné de votre famille, n'en retrouvez-vous pas une autre?... » Le général vivement ému se jeta aux pieds de son roi : *Relevez-vous! mon vieil ami, lui dit le monarque avec l'expression de bonté, de sensibilité, de grandeur, qui régnait sur tous ses traits... relevez-vous! Le patriarche de la liberté ne saurait fléchir le genou devant le droit divin.* « *Il est plus glorieux de vous*

---

la voyant effrayée, vous me rendrez visite. — Que je serais fâchée de vous y voir! Anéantissez plutôt cet ouvrage. — Je le crois utile aux divers partis; j'ai opéré de bien grands miracles dans ma vie, j'en veux tenter encore... et, dussé-je passer sous les Fourches Caudines, je ferai gémir la presse. La gloire et le bonheur de la France triompheront de la peur... »

A tous les cœurs bien nés que la patrie est chère!

(1) ..... La fuite est permise à qui fuit ses tyrans.

(2) Grands du monde venez à l'école du malheur, plus on est élevé plus on est sujet aux coups du sort. La foudre éclate sur le sommet des montagnes.

***.....

» *être relevé d'une faute que de n'être jamais tombé* (1). »

Le vétéran de nos révolutions reste confondu et pénétré d'une douleur profonde ; il promet à la vérité de dévoiler tous les mystères *de la conjuration et présente et future* ; et déclare qu'il reste pour vivre ou mourir avec Charles X et sa famille en attendant l'éclipse de juillet... (2)

D'après ce discours la céleste déesse donna quelques renseignemens aux deux enfans (qui les lui demandaient) sur leurs jeunes amis d'enfance. En apprenant que la plupart d'entr'eux marchaient déjà sur les traces de la gloire, Henri soupira : *Qu'ils sont heureux ! s'écrie tout-à-coup le pauvre exilé. Heureux sont mes cousins !* de pouvoir suivre de glorieux exemples. Du moins ils pourront repousser l'agression... Le maintien de la paix serait mon but... Mais suivant les traces de mon illustre aïeul (le bon Henri) je me garderais à jamais d'invoquer la politique étrangère..... Et posant la main sur la garde de mon épée, je dirais à MM. les diplomates : « Je suis maître chez moi, et pourrais l'être à coup sûr chez les autres ; gardez-vous de me porter défi ! (*le coupable est toujours agresseur*)..... car avec des Français on se bat toujours bien..... on est certain d'ajouter de nouveaux faits d'armes à ceux qui ont illustré nos armées... » Ici une larme d'amour s'échappe de ses yeux.

---

(1) Fénélon.

(2) . . . Qui peut immoler sa haine à sa patrie,
Lui pourrait bien aussi sacrifier sa vie.

RACINE.

La petite Caroline ne fit qu'une demande ; c'était..... et sa jolie bouche décline le nom du duc de ***.

La vérité parle confidentiellement à la mère des deux enfans qui lui expliquait le but de ses voyages.

L'innocence vaut bien que l'on parle pour elle.

De là la déesse s'incline respectueusement devant le chef de la famille exilée, et dépose entre les mains de madame la Dauphine l'*olivier et le lis*. Elle donne des instructions secrètes au nouveau converti (1), et lui promet une touffe de lauriers, lui annonçant en outre : la couronne immortelle ! *lors des beaux jours de la légitimité*...

Et la vérité, au moment de remonter sur son char, s'exprime ainsi :

« On affecte de regarder en France le principe monarchique et la liberté populaire comme Antipodes. Préjugé tout ensemble et calomnie.

» Un gouvernement ferme et paternel peut seul garantir votre beau pays de l'orage qui plane sur lui.

» Car le marteau révolutionnaire, en démolissant pièce à pièce un édifice à la fois si régulier et formé de matériaux si distincts, emportera à chaque coup l'une de vos libertés.

» Les factieux, car il en naîtra toujours sous tous les règnes, n'auront-ils donc jamais pour venger leur amour-propre que la ressource des prestiges ? O esprit de parti ! quoi ! vous avez oublié que, sous l'empire, Napoléon vous eût marqué du sceau de sa réprobation, si

(1) Aimez qu'on vous conseille et non pas qu'on vous loue.

BOILEAU.

vous eussiez embrassé publiquement un culte différent du sien ? Votre bonheur ne tarissait point en louanges lorsqu'il vous a tous rapprochés sous les saints auspices de la religion ; et aujourd'hui vous profanez, vous désertez ses temples ! Chrétiens, protestans, demeurez fidèles à vos consciences et protégez vos frères ! *La colombe que Salomon nous peint se cachant dans la fente de la roche, dans les enfoncemens des lieux escarpés, pour échapper à la flèche du chasseur* ou *à la griffe du vautour*, serait-elle l'église ? serait-elle cette noble et infortunée famille ?... Dieu donne la force ; c'est sa main puissante qui frappe par la main la plus faible.

» O vous qui tenez le sceptre royal dans vos mains, Louis-Philippe Ier, faites-vous des amis (1) ! cherchez à triompher du génie du mal, et rendez le calme et le bonheur à votre patrie ! Si Gaston d'Orléans dit, en apprenant la capture des princes : *Voilà un beau coup de filet ; on vient de prendre un lion, un singe et un renard* (2), le problème à résoudre est donc celui-ci : « Enchaîner l'aigle à deux têtes est assez difficile, craignez, *surveillez, caressez ce léopard* à patte de velours, maître de la Belgique..... ménagez *ce renard, ce lion couronné...* comprimez, comprimez habilement et *muselez le lion déchaîné, lui seul serait à craindre...* le singe n'est que d'un mince poids *dans la balance européenne*, et sans

(1) Tu m'as dépeint un ami dont l'attachement se refroidissait. Fais attention, Lucilius, que lorsque l'amour commence à s'affaiblir et à s'éteindre, il emploie la cérémonie : on ne connaît point les détours dans une foi simple et pure. JULES CÉSAR.

(2) Le grand Condé, les princes de Conti et de Beaufort.

lui vous saurez conquérir la paix, ne pouvant la persuader.....

» Français! peuple couvert de gloire, qui de vous ne se rappelle le tems où l'on rêvait de partager votre territoire, de vous dicter des lois au nom de la force? Mais, hélas! dans sa juste indignation, l'Éternel n'aurait-il point de nouveau déchaîné le monstre de la guerre : *Je t'abandonne les peuples, secoue sur eux tes torches brûlantes, enivre-les de sang.* Au contraire, ce tout universel dira : « Retournez vers les nations corrigées, versez dans les plaies de l'humanité une huile salutaire, que le règne du bonheur se fonde sur les principes religieux, sur la sagesse et sur la réalité d'un gouvernement juste, mais fort. L'Europe écoute et la postérité juge. »

Lors placée sur le char de la Vérité, à la vue et aux applaudissemens de la royale famille, de cette généreuse population d'Édimbourg, et surtout de ces nombreux montagnards écossais, *joignant ensemble leur pouce comme serment inviolable*, et jurant de veiller sur les jours de cet autre Édouard (1), je murmurai mentale-

(1) 8. §. *Hæc dicit Dominus Deus : Et sumam ego de medulla cedri sublimis, et ponam : de vertice ramorum ejus tenerum distringam et plantabo super montem excelsum et eminentem.*

9. §. *In monte sublimi Israel plantabo illud, et erumpet in germen, et faciet fructum, et erit in cedrum magnam, et habitabunt sub ea omnes volucres, et universum volatile sub umbra frondium ejus nidificabit.*

§. *Et scient omnia ligna regionis, quia ego Dominus humiliavi lignum sublime et exaltavi lignum humile; et siccavi lignum viride, frondere feci lignum aridum : ego Dominus locutus sum, et feci.*

8. §. Voici ce que dit encore le Seigneur : Je prendrai la moëlle d'un cèdre

ment : « On ne peut prévoir ce qui arrivera ; car tout, depuis la révolution de juillet 1830, semble être fait par le hasard ; » cependant, en quittant les nobles exilés d'Holy-Rood, je ne pus m'empêcher de leur dire : « *Attendez tout du tems, attendez tout de la France, et ne comptez que sur la France.* Louis XVI veille sur vous (1). Ne soyez jamais spectateurs passifs des ravages qui se commettraient : *Si les étrangers arrivaient jusque sur nos frontières, détruisant tout sur leur passage ; déjà l'espoir du pillage et de la vengeance brille aux yeux de certains Maillotins, voire alliés !!! Dans le délire commun, tous les obstacles disparaïssent. Et Paris, Paris*

---

pur et élevé, et la mettrai à part ; je cueillerai une jeune tige et je la planterai sur la cime élevée d'une montagne.

9. §. Je le planterai, ce jeune rameau, sur la plus haute montagne d'Israël, il poussera des rejetons, il portera de bons fruits; bientôt ce sera un beau cèdre, tous les oiseaux viendront librement se percher sur ses branches, tout ce qui vole y établira son nid à l'ombre des feuilles.

§. Et tous les arbres de cette terre sauront que c'est moi qui ai humilié le grand arbre et qui ai élevé le faible rejeton ; que c'est moi qui ai desséché l'arbre vert, et ai fait reverdir l'arbrisseau privé de suc.....

Prophéties d'Ézechiel, caput XVII.

(1) Quelle vertu sublime ! pardonner la mort en la recevant à ceux qui nous l'ont donnée. Cette vertu semble innée dans nos souverains : « Je pardonne de tout mon cœur à ceux qui se sont faits mes ennemis et prie Dieu de leur pardonner. » « Je pardonne à tous mes ennemis le mal qu'ils m'ont fait, » dit l'épouse de Louis XVI en montant à l'échafaud ! « Grâce, dit en mourant le duc de Berri, grâce pour l'homme qui m'a frappé..... » Politiques sévères, vous qui ne voyez que les fautes d'une dynastie, que celui d'entre vous qui est sans péché jette la première pierre aux nobles exilés d'Holy-Rood. Hélas ! qui peut marcher sans aide et agir sans conseil ? Si on dévoilait tous les mystères qui ont enveloppé la chute de la branche aînée des Bourbons, il en résulterait des conséquences terribles. Silence ! silence ! le secret pourrait échapper...

la superbe ! deviendrait victime de la fureur de ses propres enfans..... »

En parlant de grandes infortunes, j'ai dû plaindre des malheurs aussi peu mérités ; j'ai dû m'attendrir sur le meilleur des peuples. J'ai dû pleurer ; car la guerre civile n'est pas éteinte.

Et le sang des Parisiens, comme celui des provinciaux, coule également dans les rues de Lutèce.

Et la vérité me dit : Garde-toi de sécher tes larmes, car l'anniversaire de juillet, *pendant un tems*... sera un jour de deuil pour toute la France (1).

» Et j'ai vu, depuis les trois glorieuses journées, passer rapidement dans le ministère des gens de bien, trop portés aux emprunts, et ne cessant de demander un énorme budget.

» Et j'ai vu les idoles populaires briguer des places dans tous les coins du royaume, et comme le cens électoral en décidait, j'ai vu nombre d'honnêtes gens qui en étaient exclus.

» Et j'ai vu de profonds ambitieux, d'infâmes égoïstes, des renégats politiques (2) sur toutes les places de l'Em-

---

(1) Fasse le ciel que nous nous contentions de donner des larmes aux malheureuses victimes qui viennent de périr et dont les membres épars çà et là nous ont offert les restes de nos pères, de nos épouses et de nos enfans; ne songeons plus à nous venger, embrassons-nous sur leurs tombes et sachons nous pardonner nos erreurs. P***.

(2) Il y a des gens de conscience qui ne sont parjures que pour être parjures, qui, cédant à la force, n'en sont pas moins pour le droit. Ils pleurent sur ce pauvre Charles X qu'ils ont d'abord entraîné à sa perte par leurs conseils et ensuite mis à mort par leur serment ; mais, si lui ou sa race ressuscite, ils seront des foudres de légitimité. Moi j'ai toujours été dévot à la mort, et je suis le convoi de la vieille monarchie comme le chien du pauvre.

M. DE CHATEAUBRIAND.

pire, jetant une pluie d'or sur les suppôts du pouvoir pour s'appuyer de leur protection, comme de celle des Anglais.

» Je les ai vus continuellement occupés d'augmenter la profondeur de l'abîme et la dette de l'état, et j'ai vu prêt à succéder au ministère Périer, celui d'un nouveau Law, mais non pas Écossais, et j'ai frémi !

» Et j'ai vu les sages des deux chambres perdre un tems précieux sur des questions que le plus grand nombre désapprouvait, et j'ai approuvé (*moi*, *la vérité*) les réflexions de M. Suleau.

» Et j'ai vu les pairs du royaume, effrayés de l'empire que prenait la chambre élective sur la multitude, craindre le renversement de l'ordre et le règne de l'arbre de l'anarchie ; appeler à leur secours des légions, non pour les mettre en opposition avec cette noble garde parisienne qui refusait d'armer son bras pour soutenir des *déprédations*, des *dilapidations*, des violations de toutes espèces, mais pour se préserver des fureurs populaires... et j'ai dit : Il est heureux que les militaires n'égorgent pas leurs frères, mais si les dignes mandataires ne font exécuter fidèlement les lois, pour réprimer *la violence et l'émeute*, on sortira d'un abîme pour retomber dans un autre beaucoup plus profond, car on ne saurait garder long-tems *un roi vaincu par les factions* (1).

» Et j'ai vu des gens peureux se sauver avec précipitation de la capitale, et j'ai dit : Si Paris était tran-

---

(1) Une couronne était sur un berceau, il accepta des mains de la révolution cette couronne qui, selon la loi française, ne se prenait que sur un tombeau. ***.

quille, si la licence se trouvait enchaînée, les étrangers visiteraient la merveille du monde. *Les boudeurs politiques* reviendraient repeupler leurs hôtels, l'argent reparaîtrait, les transactions seraient faciles, le commerce refleurirait, les ouvriers auraient du travail, et au lieu de *jouer à la rébellion* sur nos places publiques, on se réjouirait. *Votre roi citoyen ne s'en trouverait que mieux à l'aise*; de plus, son trône s'affermirait (1), *et l'herbe ne croîtrait pas dans la reine des cités, et ne ressemblerait pas à Jérusalem après un siége de trois ans,* et malheur serait aux honorables Parisiens s'ils ne dissipent au plus tôt ces attroupemens composés de malveillans,

> D'un tas d'hommes perdus de dettes et de crimes
> Que pressent de nos lois les ordres légitimes;

et je ne voudrais pour beaucoup assister aux funérailles de Carthage, et je serais désolée à l'aspect de ses ruines, surtout ne trouvant point de place pour l'espoir dans un cœur brisé par la douleur.

» Car je vois les partis opposés se lancer des regards

---

(1) *Le trône est l'ancre de salut pour la France!* Gardez-vous de vouloir y toucher! !! *Vous promettez la liberté civile et vous remplissez les prisons, la liberté religieuse et vous faites des martyrs.* Écoutez, écoutez, mandataires du pouvoir, écoutez... vous tous, qui prétendez gouverner, régénérer l'empire! apprenez que la perfidie, la malice et l'éloquence insidieuse, sont plus puissantes que la vertu timide. Gardez-vous, oh! gardez-vous surtout d'appeler les peuples à l'insurrection et de les abandonner ensuite à la vengeance de leurs gouvernemens, car, depuis 1830, vous ne proclamez vos sympathies que pour manifester votre impuissance!... Je le vois:

> .... C'est prudence en un péril funeste
> D'offrir une moitié pour conserver le reste.
>
> P. CORNEILLE.

de haine et de mépris, comme s'ils attendaient avec impatience quelque cause de tumulte, ou quelque prétexte pour s'attaquer mutuellement.

» De même, j'ai remarqué, dans vos délibérations parlementaires, ce ton d'aigreur et passionné qui fait trop souvent de vos assemblées délibérantes une arène où les législateurs descendent tour à tour pour se porter un défi. Au contraire tout devrait être calme; d'innocens souvenirs devraient se rattacher à ces réunions. Ce n'est, pour ainsi dire, qu'une grande famille qui délibère sur ses graves intérêts. Tout devrait se passer avec décence, tant on doit craindre de se choquer! *Le peuple souffre des sottises de ses représentans*. La bonne foi doit régner, l'esprit de parti envenime tout. L'amour de la paix est le ciment des empires... Si la guerre est déclarée entre vous et par vous... une révolution générale pourrait éclater, et malheur sera au premier agresseur.

» Et si vous vouliez finir par vous entendre (*par vous comprendre*) au lieu de vous détruire, « La France augmenterait de puissance, elle verrait chaque jour sa richesse s'accroître, les arts et les lettres, fils de l'aisance et du loisir, confondraient leurs palmes aux lauriers de la gloire... » Sinon..., si l'intrigue prévaut, si les frondeurs captent les suffrages..... s'ils règnent enfin! Je veux parler avec douleur, oui, je parlerai et je dirai tout : Des débats de votre nouvelle chambre élective va dépendre non seulement la tranquillité *et l'intégralité* de vos provinces, mais bien celle du royaume et surtout la conservation monumentale de votre capitale... (1) *Croyez la vérité*. Et pourtant, vos ligueurs de nouvelle date ne peuvent avoir une voix plus persuasive..... (2) Si vous les écoutez, alors vous n'aurez plus d'autres ressources qu'à pleurer sur la destinée de ce peuple que j'aime, de ce peuple qui règne sur l'opinion comme sur les cœurs, de ce peuple enfin qui n'aurait qu'un mot à dire, un souhait à former... Sans cela, son vaisseau sans pilote va s'engloutir dans les flots.....

» Et je vous prédis la ruine de vos cités, *si la paix et l'union ne règnent parmi vous* (3). Le père serait obligé de se défendre contre son enfant, l'enfant contre son père. Les femmes enceintes, pour échapper au feu et aux flammes, courraient sur les toits ; tous vos édifices, d'un coin du royaume à l'autre, ne représenteraient que des ruines et des monceaux de cendres. Vos forêts seraient abattues, vos champs ravagés, votre royaume en

---

(1) Voir la *Prédiction sur Paris, oracles sibyllins*, page 517.

(2) Et pourtant ils n'accompliront aucune de leurs promesses et réaliseront le contraire de ce qu'ils vous promettent. Ils vous persécuteront, feront naître des complots supposés, réaliseront les tristes jours de 93 et 94, faisant des visites domiciliaires, des poursuites judiciaires contre la presse, suivies de détentions prolongées et peut-être encore pis.

.... Sous des dehors heureux
On peut cacher au crime un penchant dangereux.

CRÉBILLON.

(3) Vous êtes Français, restez donc Français ! une ruineuse armée est sur vos frontières ! Le *renard vous guette*, le *renard vous caresse*, le *renard vous convoite* et *vous cerne*. Il gagne trop à vous allécher, il gagne trop à vous dissimuler qu'une riche proie l'électrise !..... *Quelques-unes de vos riches provinces l'indemniseraient merveilleusement des pertes faites sous le règne du roi Henri VI*..... Avis aux diplomates... avis surtout au renard des renards !...

proie à la famine, à la peste, et on courra sur vos sages, parce qu'on leur imputera mal à propos, ou à propos les malheurs publics, la confédération de vos départemens et les horreurs de la Vendée.

» Et le midi sera en feu, et le nord ne viendra pas l'éteindre.....

» Vous m'avez entendue, me dit la Vérité (nous traversions alors les champs de la Belgique), vous m'avez entendue, me répétait la céleste déesse, voyez et contemplez ces monumens détruits, ces peuples divisés... tel parti voulant la république, tel autre la repoussant... Le roi de Jupiter venant les mettre d'accord... au profit des Anglais. Malheureux pays !..... nous l'avons parcouru ensemble en 1821 (1). Je vous prévins alors *qu'une révolution terrible le menaçait ; que le ministre Van-Maanem en serait la première cause, etc.* Hé bien ! l'éternelle Angleterre a su et saura toujours profiter des fautes des gouverneurs *ains* des gouvernés... *Avis à la Hollande, avis à l'Autriche, à l'Italie, avis à la Prusse, avis à la Russie, avis, double avis, triple avis à la France ! etc., etc.*

Puisse le royaume des Pays-Bas, puisse l'héroïque Pologne, etc., etc., ne pas finir par succomber *sous les coups de quelque Marius.....* Dans ce siècle l'esprit de défiance et de découragement se montre de toutes parts. Les trônes s'écroulent facilement, les plus sages institutions sont renversées, toutes les parties de l'Europe

(1) En 1821 j'ai annoncé la révolution belge, j'en ai prévu les conséquences. Voir mes *Souvenirs de la Belgique*, ou le *Procès mémorable*. Paris, 1822. *Note de l'auteur.*

sont en proie aux dissentions civiles. La guerre est imminente! La guerre est déclarée (1)! Si l'honneur national est avili aux yeux de l'étranger, on peut conclure hardiment que : *le gouvernement est gouverné par la crainte*. Que le gouvernement est inhabile et peut-être encore plus : (*Et les yeux de la Vérité s'arrêtèrent sur Louis-Philippe et ses enfans ; on pouvait y lire le sentiment d'un triste intérêt : un tel regard ne pouvait échapper à ma pénétration.*) (2) !

» Et je reviendrai en Europe de 1832 à 1835. D'ici là, *il se doit passer en France quelque chose de bien extraordinaire, de bien consolant en faveur des nobles exilés!* Je me réjouirai avec vous, car le château des vengeances sera détruit, le peuple heureux. On chantera aux champs élyséens la valeur des Français, tout retentira du bruit de leur gloire ; ils auront étonné l'univers... » Tels furent les derniers accens de la Vérité ; elle dit : et la céleste déesse disparut à mes yeux...

Glissant comme la nuit de contrée en contrée,
Ses étranges discours sont ceux d'une inspirée.

Et je rentrai dans Lutèce au milieu des troubles et des agitations ; il me semblait *que des Allemands occupaient le palais des Tuileries ; qu'un prince du Nord*

---

(1) Voit-on se réunir princes et potentats?
Cette réunion est de mauvais augure,
Et l'astrologue alors a le droit de conclure
Qu'elle annonce aux mortels d'aussi fâcheux hasards
Que la conjonction de Saturne et de Mars.

***.

(2) Le souci monte en croupe et galoppe avec lui.

BOILEAU.

était au Louvre ; que des Prussiens veillaient dans mes foyers ; la colonne immortelle de la place Vendôme était renversée ; le drapeau funéraire flottait sur tous les monumens publics. La morgue insolente des étrangers fit palpiter mon cœur de rage ; mon exaltation fut au comble. J'osai ! mais déjà les cris des maillotins se faisaient entendre ; ils retentirent au palais du Luxembourg ; ils retentirent au palais d'Orléans : la révolte y prêche le pillage, la révolte y donne la mort. Arrêtez, barbares ! m'écriai-je avec force, arrêtez, et respectez la royauté populaire !..... Hélas ! hélas ! la révolte l'a vaincue ; la révolte est souveraine et la France est en deuil (1) !...

Je me réveillai dans un trouble impossible à décrire, et me dis : Je viens d'éprouver un moment d'inaction que les hommes ont appelé sommeil ; mon ame voyageait, tandis que mon corps restait sans mouvement. Lorsque j'eus recueilli mes idées, en rappelant tout ce que j'avais vu, tout ce que j'avais entendu cette nuit même, je commençai par remercier les dieux en faveur de la France, de la France sous le sceptre royal, et gouvernée par un fils de Henri, et *non encore soumise à l'empire de la respublica* (2). Je retrouvais la bel-

---

(1) *Heureusement ce n'est qu'un songe.....* Mais, hélas ! le parti le plus faible n'est pas souvent le moins à craindre. En révolution, le triomphateur monte tôt ou tard à l'échafaud ; et rien n'est si difficile que de décider lequel a tort ou raison. ***.

(2) J'ai vu le roi citoyen se rendre au Panthéon au milieu d'un magnifique cortège et accueilli par les acclamations des héros de juillet. L'instant d'après j'ai vu ce même roi citoyen *boire à la coupe du pauvre le vin de l'étrier.* Soigneusement gardé par la troupe des élus, il apparaît la première des grandes journées devant mon petit castel, rue de Tournon, n° 5. Là les chants

liqueuse France digne d'elle. Je voulus rester plusieurs jours livrée à mes pensées, dans une profonde solitude,

---

plaintifs ont cessé et déjà retentissent des hymnes d'allégresse... Placée à l'écart, mes yeux de lynx ont lu dans l'ame du successeur de Charles X. Heureux du moment, lui disais-je en le fixant, à peine pouvez-vous distinguer vos nombreux amis de vos nombreux ennemis, ma conscience m'impose le devoir de vous les faire connaître... L'instant est venu de vous parler en face, car il en est, parmi les habitués du palais d'Orléans, qui se disputent la pourpre et d'autres les faisceaux. Les républicains murmurent, les royalistes s'agitent, une minorité factieuse se lève, attaque les prérogatives du trône. Elle veut tout réformer... Les bons Français redoutent la dictature et font des vœux pour que la puissance législative ait assez de force pour opposer une digue à l'anarchie, un appui à l'ordre, un rempart à nos frontières, et place surtout son espérance dans la légitimité. Silence! silence! c'était en face des vainqueurs que je parlais ainsi. La plupart de nos grands citoyens se querellaient, se menaçaient, se boxaient dans les rangs, sans égard pour la présence de S. M. Louis-Philippe Ier. Un jour de gloire nationale les fils des batailles d'hier auraient volontiers brisé un sceptre de roseau, une couronne d'épine. Silence, Messieurs, respectez votre ouvrage. Je dis et aussitôt je remarquai une main pateline calculant sans barême un énorme budget. Des maréchaux français, ayant la poussière d'Austerlitz, de Wagram encore sur leurs habits, s'enivraient de souvenirs... Des officiers supérieurs se rappelaient Waterloo et enviaient à l'Anglais la possession de la Belgique. Tous faisaient des projets! tous se disaient entre eux : « La garde nationale est admirable! *le jeu de » l'émeute la fatigue et l'ennuie.* Nos députés vont travailler pour les siè- » cles! et sauront empêcher les royalistes de faire un appel à la France! car » si cet appel était entendu, *il serait le garant de l'avenir*, on ferait retour- » ner nos Fabius, nos Camille à leurs moutons... La crainte d'une nouvelle » Convention fera réfléchir les plus insoucians, car tout ce qui peut remuer le » monde politique se trouve en présence : la légitimité, l'usurpation, la ré- » publique et l'esprit révolutionnaire. La lutte va s'engager à la tribune, un » rôle est déjà joué! le vétéran franco-américain l'a pris; d'autres ne voudront » pas copier l'histoire, mais MM. Odilon-Barrot, Eusèbe Salverte, etc. etc., » se chargent de la faire. »

« Vous n'avez rien perdu au change, répétait une foule empressée sur les » pas de don Pédro. Non! vous n'avez rien perdu et vous avez tout à gagner! » vous êtes accueilli comme l'allié de l'excellente Joséphine, que nous regret- » tons tous; en outre! vous avez l'honneur *d'orner le triomphe d'un peuple* à l'effet de commenter à l'aise les *curieuses prédictions de Noël Olivarius* (Dieu donné) (1)..... Et le 18 de juin 1831, je ne fus pas peu surprise de voir un concours de curieux assiéger mes salons et passer de la crainte à la joie la plus vive. *Figaro*, le malin *Figaro*, le spirituel, le médisant *Figaro*, leur avait annoncé que j'étais arrêtée; « que M. Persil était allé lui-même saisir

---

» *souverain. C'est un fait historique.* A la vérité, sire, *vous avez l'air* » *d'être las comme un roi*, mais patienza, patienza, vous trouverez auprès » de notre gouvernement populaire un appui *certain* pour rétablir le prin- » cipe de la légitimité dans vos futurs états, etc. »

« La chaîne héréditaire est rompue, une cause nouvelle se présente : c'est » la mienne, répétait ce vieux Brutus, paré d'un habit de courtisan. » Je remarquai que le duc d'Orléans regardait ses hussards avec intérêt; quant au duc de Nemours, il songeait aux absens... S. M. Louis-Philippe écoutait des fanfares exécutant l'air de la *Parisienne* et de la *Marseillaise;* il saluait avec grâce ses sujets rayonnans..... Le refrain chéri, répété en chœur par les héros des trois mémorables journées, *qu'un sang impur abreuve nos sillons,* vint frapper mon oreille il me pénétra et de crainte et d'effroi. Je pâlis, tout mon sang se glaça dans mes veines, et je m'écriai dans mon exaltation douloureuse : O ma chère France! et toi, fils du Béarnais! toi, fils de cet Henri! réduit, avec quelques soldats fidèles, à défendre sa vie, ses droits, sa couronne, contre l'étranger et même contre sa capitale... réveille-toi donc ou la révolution t'engloutira... Un ver rongeur ruine ta prospérité... L'anarchie, l'anarchie sanglante montre sa tête hideuse; elle accomplira l'œuvre de perdition. Pleurons, pleurons sur la patrie. Le tems serait-il arrivé *où les esprits pervers peuvent dormir sur leurs richesses et sur leurs remords...* Je dois déclarer dans mon ame et conscience que ce n'est point aux hommes que je fais la guerre, mais bien aux dangereuses doctrines dont ils sont entichés... En effet M. de Lafayette est *bon, sensible* et *généreux.* Il aime passionnément les enfans; aussi n'aurait-il pu voir le pauvre Henri *sans s'attendrir, sans lui donner une larme.* Le cœur d'un homme d'état (suivant Napoléon) doit être dans sa tête, et pourtant celui qui nous gouverne est bon père, bon époux... donc il ne peut (*selon moi*) oublier sa famille.....

« . . . . Une ame généreuse
Ne voit pas sans pitié la vertu malheureuse. »

(1) Voir à la fin du volume la note d'Olivarius.

» Mlle Le Normand, qui se mêle, dit-on, de prédire » la république; et que Mlle Le Normand avait prédit à » M. Persil qu'il deviendrait infiniment ridicule. » Connaissant les règles de la politesse, et ne voulant me brouiller avec personne (1), encore moins *avec un procureur-général,* je crus dans mon intérêt de chercher à

---

(1) L'auteur se défend à l'avance des reproches que cette mince brochure pourra lui susciter, et dira : Dans mon rêve, la France m'est apparue belle comme l'Espérance, et la Vérité a voulu nous présenter le rameau d'olivier pour nous garantir du naufrage. La céleste déesse veut défendre contre l'étranger l'intégrité de nos provinces, les empêcher de faire de petits états fédératifs, etc. De même, comme sous la ligue, elle voudrait dire à l'Europe armée : *Tu n'iras pas plus loin!* En cherchant à éteindre les flambeaux de la guerre civile, en nous rappelant que le Parisien, bloqué par l'armée d'Henri IV, courut au cimetière des Innocens exhumer les ossemens des morts, les réduire en poudre, en faire une farine alimentaire pour ses enfans à la mamelle, qu'une mère, pressée par la faim, dévora les siens. Nos aïeux, en proie aux horreurs de la famine, ont marché sur des glacis de sang et sur des monceaux de cadavres... Aujourd'hui que la France veut la liberté et la porte sur ses bannières... cette liberté doit être sage et s'isoler de toutes les critiques des apologistes, enfin de tous les partis; elle n'en doit détester aucun, mais plaindre les fanatiques de toutes les sectes. S'il en était autrement, on renverrait le lecteur pour sa gouverne à l'*Ombre de Catherine II au tombeau d'Alexandre Ier,* pages 48 à 68. Paris, 1826; à l'*Ombre de Henri IV au palais d'Orléans.* (L'ouvrage en entier est une révélation). Paris, 1831..... *Lisez* et *jugez!* Craignez surtout que l'anarchie ne devienne la reine du monde, et le crime le roi.

Tout homme qui oserait écrire avec autant de véracité, avec autant de franchise, craindrait de déplaire, de paralyser sa carrière politique, celle de ses enfans... mais moi, pauvre auteur féminin, qui n'attends rien des grands, qui ne sus dans aucun tems compter sur leurs promesses, encore moins leur dérober l'avenir. Je dirai comme Henri IV : *Qui qu'en grogne!* et j'ajouterai avec le boudeur politique : *Que m'importe!* « Les partis se trouveront plus ou moins » froissés : je n'en caresse aucun; je dis à tous des vérités dures. Je n'ai rien » à ménager! dépouillé du présent, n'ayant qu'un avenir incertain au-delà » de ma tombe, il m'importe que ma mémoire ne soit pas grevée de mon » silence. »

M. DE CHATEAUBRIAND.

éviter l'un des procès dont la Vérité *m'a encore menacée dernièrement*, tant pour mes écrits que pour la véracité de *certaines prédictions;* je crus faire un acte de prudence de ne dire mot, de me rendormir de suite, de peur que si je parlais davantage, on ne me fît rendormir malgré moi.....

Fais ce que dois, advienne que pourra.

NOTE.

SIXIÈME FEUILLET D'OLIVARIUS.

Je m'ébahis du grand soin que vous prenez d'élever des forts entourés de hautes murailles garnies de couleuvrines, ains redoutes, chemins couverts, fossés, voire palissades, à l'effet de garantir vos cités du pillage, ilec jeter l'épouvante parmi vos ennemis extérieurs, mieux vaudrait peut-être comprimer les Celtes Maillotins. Entrestenez la paix entre tous. Évitez si faire? *Brêche moult rançon...* Gare les émeutes de nuit calculées, ilec non calculées. L'une semblerait se rattacher au sien allié du vieux sang de la Cape, tandis qu'iceux aînés sont pourchassés vers ce pays coupé, rude, voire montagneux; les cadets n'en trembleront pas moins dans leurs palais, tant la malice est grande, tant maints audacieux se croiront tout permis. La Gaule Itale verra dans son sein un chef hardi, entreprenant! s'évertuer, trouver aide, trouver secours, ains s'en venir imposer lois, tributs à la cité première. Échanger son chaperon de menu vert, sa cotte d'armes maillée, contre ilec ornemens royaux, ilec pourpoint fourré d'hermine au seigneur biau sire Francus. Onc, les révoltés pour s'entrereconnaître s'affubleront moult du capuce Phyrigien. Marcel seul conservera son écharpe sanglante. Les francs Gaulois, iceux trestous des provinces, seront courbés sous le poids de la rebellion. Tous iceux possédant manoir seigneurial, tous iceux possédant terrier, chartes, ilec sceaux blazonnés, écuyers du tems des croisades; ducs, barons, tous, tous seront honis, poursuivis, yoire même damoiselles, etc.... Ilec s'enfuyant trestous ès forêts, ès bruyères, tant ils seront menacés, emprisonnés, livrés aux cabochiens. La grande cité sera déserte. Les Gaulois se lamenteront au milieu de leurs retranchemens, ains pleureront avec Jérémie. Les plus vaillans d'iceux veilleront ès remparts; ains sonneront beffroi, voire échangeront leurs lances ilec fauconnaux contre les étrangers croissés. L'orfraie battra des ailes sur les clochers, sur les palais, sur les maisons des citadins, ains réduit du pauvre. *La mort éteindra la vie;* ilec peste, ilec famine, ilec feu, affligeront les peuples; adviendra en plus oiseaux de proie consommant récoltes, ains loups et lionceaux dévorans. Les gens du nord, ceux du midi *auront mal ardent.* Moult comme Job seront réduits sur le fumier. Onc sera planté étendard de détresse, ilec sur hautes tourelles, ilec sur branche fourchue. Les gens de guerre à corselets d'acier, pourpoints semi-partis pourpre en plus! feront contribuer sans pitié les habitans ès villes, ès châteaux, jusqu'aux léproseries, menaçant oultre chatelains, se faisant festoyer à la table du maître. Ilec diront pour les mieux rançonner : Qui chée des ennemis ès bourgs ès villages après le couvre-feu. Onc le chef de l'état sera en émoi; ambassadeurs rappelés, ambassadeurs renvoyés avec menaces dans la grande cité où l'herbe croîtra sur les places. Le biau sire aura fort à faire pour mettre à la raison iceux lansquenets qui lui feront loi; pourtant sera fait un appel aux plus braves, aux belliqueux hommes d'armes portant casque à visière, hocqueton et pique en main. Les plus lâches archiers se joindront avec la populace armée, les femmes se désoleront, crieront merci; *la vache ne donnera plus de lait.* Trestous s'endviendront se lamenter, assiéger le sire roi dans son propre palais. Ilec seigneur dira : Paix, paix, les révoltés; gens affamés crieront : *sanguis, sanguis;* les gens d'église ains docteurs se cacheront dans les huttes... Le sire roi lors partira avec armée de cent fois cent fois mille combattans; son avant-garde en comptera en plus! ains l'arrière sera de sept fois sept fois cent mille piétons, portant sabres à plusieurs tranchans. Ilec réserve pour garder cités, hamiaux, comptera sept fois, sept fois plus! les Maillotins auront biau jeu, ains gouverneront à l'aise; on les verra se fourvoyer dans leurs assemblées, crier *libertas!* affamer le pauvre peuple, ains lui commander deffence... Les bourgeois feront biaux faits d'armes, barrières forcées, barrières renversées, attaque sur sept points différens; canon d'alarme, ains tenez-vous en éveil à l'effet de vous opposer à l'entrée des rouges, verts, etc. Les provinces se soulèveront, ains reprendront leurs sceaux, leurs couleurs, leurs coutumes. Icelui roi des Francs voudra s'y opposer, le biau sire pourra y guerroyer, onc pour les apaiser les appellera devant ses preux et leur baillera force promesses, tant il ira, tant il ira, quazi un moment il gagnera les plus mutins. Mais icelui commandant les Bourguignons, Champenois, Bretons, Normands, Manceaux, Angevins, Tourangeaux, lui fera trahison; ains faussera serment. Ilec, ceux du midi s'endviendront prendre langue, s'endviendront camper au Champ-de-Mai. Là, plusieurs d'entre eux élèveront sur le pavois royal avec dextre main le rejeton du vieux sang de la Cappe, d'autres appelleront à grands cris le ramiau d'un impérator, tous répéteront *Montjoie Saint-Denis* en volant au combat. Ains vainqueurs, ains vaincus, seront en grand émoi, si faire Jeanne-d'Arc courageuse ne les mettait d'accord.

Ains avant que cela n'advienne, on verra des assemblées de malencontreux maillotins, on armera les peuples sur tous points : trinité population européenne menacera d'invahir le biau royaume des Francs. Les trônes seront ébranlés, il en sera chée plusieurs, d'autres rentreront dans leurs possessions par armes, vaudrait mieux amour. Grands nombres de conjurations seront découvertes, l'une au-delà du détroit, autre en Moscovie, ilec aux sept provinces unies... Les lionceaux anglais s'endviendront faire leurs petits en Belgique. La louve les mangera; elle en mangera bien d'autres... Un vieux guerrier français tentera de s'arroger puissance; assis sur la chaise curule, il aspirera gouverner le sénat. Le seigneur biau sire feindra, ains ne pouvant l'éconduire... Dans ces tems calamiteux les pères conscripts, portant manteaux à écussons, se verront choir, les bannis reviendront en honneur ains par après. La multitude envahira le forum d'enfer. Là se rendra moult arrêt. Grande découverte au pays latin, étrange résultat, descente aux catacombes, encore un revenant, une femme par ruse maîtrisera une faction. Onc, comme Dalila, elle enchaînera Samson. Bruit dans Lutecia, le quartier Saint-Jacques, le quartier de salut. Les séditieux augmenteront les grains, ruineront le commerce; les palais mêmes seront violés par les pillards. Tous iceux Français s'enviendront prendre le chaperon pour garantir leurs têtes. L'homme sera velu tant il se tiendra découvert... Les temples du Dieu vivant serviront pour encenser Baal. Enfin les peuples, horriblement fatigués de tant de vexations, feront cause commune avec iceux vrais Français; une alliance semblera rapprocher les partis; voire même éteindre haine ancienne; amnistie généreuse entre la rose rouge, voire la blanche. Hélas! hélas! le sang aura coulé... Ains un jeune guerrier, portant lance, s'endviendra rétablir le calme dans les familles, onc mettra à la raison iceux étrangers voulant se mettre la couronne des Francs sur la tête par le droit du plus fort (ains de tous les droits souvent le plus solide). D'accord avec un biau petit sire roi, il chassera cette race de Caïn de malencontreux maillotins, déchaînés contre la religion catholique, déchaînés contre la monarchie, déchaînés contre l'Europe entière. Onc dira : Ne faut temporiser, ains pardonner! onc cependant museler la démocratie, le tems est advenu où les boutefeux politiques doivent être chassés (non écrasés comme reptiles venimeux). Ilec le chef de la *respublica universalis*, *Cincinnatus francus*, remercié, surveillé, voire même renvoyé à ses constantes habitudes : de voir éclore ilec petits poulets... Alors comme alors, etc., etc.

FIN.

TABLE

DES MATIÈRES CONTENUES DANS CETTE BROCHURE.

Pages.

L'auteur de l'*Ombre de Henri IV au palais d'Orléans*, à M. Colnet, collaborateur de la *Gazette de France*...... 1

Le dernier Mot à l'Oreille des Dépositaires du Pouvoir... 3

Ma Vision intuitive du 29 mai 1831.................. 9

Comme quoi la vieille République de 1793 retrouve son premier amant ; comme quoi sa grande colère éclate en voyant sa rivale de 1831.......................... 20

Comme quoi la République de 1793, croyant régner, se présente à la Malmaison ; comme quoi le premier Consul Bonaparte lui dit que la France ne pouvait pas être une démocratie.................................. 48

Encore une révolution............................ 59

Comme quoi l'amant de la vieille et jeune République parut étonné de se trouver à Holy-Rood ; comme quoi il en manifesta son mécontentement; quelle fut la réception que lui fit Charles X............................ 73

NOTE.

Sixième feuillet d'Olivarius.......................... 104

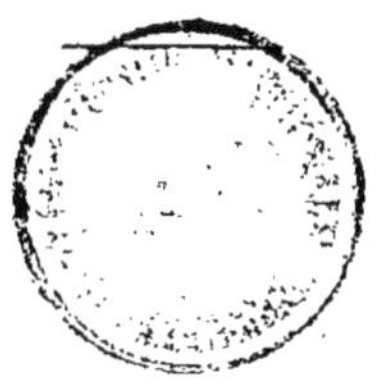

www.ingramcontent.com/pod-product-compliance
Ingram Content Group UK Ltd.
Pitfield, Milton Keynes, MK11 3LW, UK
UKHW020114240726
13926UKWH00011B/1456

9 782014 442519